秘訣！

リピーターを獲得する！

勝ち組ラーメン

キンキンラーメン道
田村 直己　中村 潤

JN144557

K&B PUBLISHERS

はじめに

「キンキンラーメン道」は、ラーメン屋の店主さんにスポットを当てるというコンセプトで立ち上げたラーメン業界の総合情報サイトです。

その運営のために、キンキンクルーはこれまで３００人を超える店主さんに直接会って、お話を伺ってきました。

そのなかで、繁盛するか否かは、店主のラーメンにかける想い、生きざま、思想、哲学などが大きく関係し、ラーメンに対して**ガチでマジな店主は、必ずと言っていいほど繁盛している**ことがわかりました。

なかでも一番の共通点は、ラーメンのことになると、とても楽しそうにイキイキと語られ、「ラーメンが本当に好きで、志がすげぇ〜高いなぁ〜」と、キンキンクルーも魅了されることです。

そう考えると、全国に5万店舗以上のラーメン屋さんがあり、最近ではおいしいラーメンが当たり前になってきていますが、「おいしい」というだけでは繁盛せず、**店主の一杯に込める想いやバックグラウンド**が多くのお客様を感動させ、その結果として、繁盛ラーメン店になれるのだと思います。

もちろん、ラーメン屋さんの数だけ店主の数も存在し、そのカラーは千差万別です。でも、それが「フリースタイル」と言われるラーメンを作り出しているのもまた事実。考え方も、価値観や思想もまったく違い、それが**丼一杯のラーメンに色濃く反映**され、さらに店の雰囲気や空気感として店中に表れます。

たとえば、味を追求して食材に徹底的にこだわり、うまいと言われる、魂を込めた一杯を作ることに命をかけている店主さん、世の中にない斬新なラーメンの開発に日々必死で取り組んでいる店主さん、海外に進出して日本のラーメンを世界に発信する努力をしている店主さん、ラーメン業界の地位を向上させるために、従業員が働きやすい環境作りに本気で取り組んでいる店主さんなど、

Kin★KiN Ramen THE WAY

さまざまな店主さんがいるのがラーメン業界なのです。

だから、どれが正しいか間違いかということはなく、いろいろな考え方や価値観が存在するので、**自分自身に一番合ったスタイルを貫いていく**ことが大切なのだと思います。

この本では、そんな日本食を代表するラーメンを作ってきた**51軒・52人の勝ち組の店主さんたち**に、どのように店を繁盛させることができたのか、どうすれば繁盛ラーメン店になれるのかを、惜しげもなく語っていただきました。

つまり、この一冊には、リアル繁盛ラーメン店を作るためのノウハウがいっぱい詰まっています。

この本が皆様の励みになり、チカラになればうれしい限りです。

キンキンラーメン道
田村直己・中村潤

勝ち組ラーメン◆目次

第2章　勝つためのメニュー構成

第5章　繁盛する販促の裏技

第6章　心をつかむ接客

第7章　売上げ倍増の経営術&設備

第8章 イベント&コラボ力

本書のご利用にあたって
・本書では繁盛店の作り方のノウハウを集めていますが、あくまでも個人それぞれの経験と考え方です。さまざまなケースに当てはまらない場合がありますので、あらかじめご了承ください。
・本書の情報は2016年5月現在のものです。

勝ち組ラーメン店になる秘訣がこれだ!

売上げが伸びないまま放っておくと、いずれは店をたたむことになります。そうならないため、早めに立て直しにかかりましょう。

不振店は気づきとやり方次第で再生できる

「お客さんが来ない」「売れると思った味が売れない……」。念願だった自分の店を開業しても、売上げの不振に悩むラーメン屋さんはたくさんあります。

一方で、連日行列ができて、月商が1000万円を超えるなど、とても繁盛している店もあります。この差はどこから生まれるのでしょう。

ひと言で言うと、やり方です。さらに言うと、店主さんそれぞれの**やり方を支える気づきとマインド**です。つまり、今、店がうまくいっていないのであれば、どうすればいいかに気づき、それを行うマインドを持って、やり遂げていけば、勝ち組への道が開けてきます。

この本では、東京と大阪を代表する繁盛ラーメン店の店主さんたちに、繁盛店になるためのノウハウを語ってもらっています。それぞれの店主さんたちも、初めから順調だったわけではなく、お客様がほとんど来なかったり、出したラーメンのほとんどを食べてもらえず残されたりと、**いろいろな苦境を乗り切って、現在の繁盛店**を築いてきています。

要はやるか、やらないか。早めの行動がすべてを変える

再生の方法は店主さんごとに多種多様ですが、皆さんに共通しているのは、あきらめなかったこと、周りの意見を聞いてやり方を変えたこと、当初の自分の味に対する根拠のないプライドを捨てたこと、ラーメンへの情熱を持ち続けて味の改良を重ねたこと、必死に努力し続けたことです。

不振店を繁盛店に立て直した店主さんたちは、「オレは運が良かった」と、よくおっしゃいます。しかし、立て直しまでの話を伺っていると、運があるというよりも、**〝運を引き寄せた〟**という例がほとんどです。

このままではいけないと行動を起こし、周囲の人の意見も聞きながら、変えるべきところを変えて、運を引き寄せて勝ち組になっていったのです。

つまり、やるか、やらないか、ということです。この本には、**何をやればいいかのノウハウがたくさん**詰まっています。店主さんたちの話のなかで、「オレ、この人のようにやりたいな」と思うものを見つけたら、自分なりの方法も入れながら同じようにやってみましょう。

行動を起こすことで、運気と商機が必ず変わってきます。

繁盛店になるために、まずここをチェック！

すでに店を構えている場合は、立地や周辺環境を変えることはできませんが、商品やメニュー構成の見直しなど、勝ち組になるためにできることは山ほどあります。

立地環境に関しても、もう一度、自分の店周辺の客層や人の流れを調査すると、繁盛店になるためにやるべきことが見えてきます。

繁盛店になるためのチェックポイント

□お客様を感動させる商品を作っているか
⇩
今、ラーメンは「おいしい」のは当たり前。味の良さに加えて、感動させる要素を増やすことが重要です。
[⬇第1章・売れる商品の鉄則]

□メニューは魅力的な構成になっているか
⇩
主力商品はもとより、ほかのラーメンやサイドメニューをお客様のニーズに合わせる必要があります。
[⬇第2章・勝つためのメニュー構成]

□立地と周辺環境に商品は合っているか
⇩
自分の店のエリア特性とニーズに応じて、商品とメニュー構成を考えることが繁盛店の必須条件です。
[⬇第3章・立地と周辺環境の掟]

□新規のお客様を常連客にできているか

⇩

開店景気が終わったあとが本当の勝負。新規客を呼び込み、一度来てくれた人のリピート率を増やしましょう。[⬇第4章・集客&リピート率アップのツボ]

□販促がうまく機能しているか

⇩

近年はインターネットの発達によって低コストの販促が可能。店の特徴に応じたツールを使い分けましょう。[⬇第5章・繁盛する販促の裏技]

□再来店を促す接客を続けているか

⇩

ラーメンの味と同じくらい、お客様が重視するのが接客。そのレベルも繁盛店になるかどうかを左右します。[⬇第6章・心をつかむ接客]

□売上げを増やす経営・設備が整っているか

⇩

長期的な安定経営や店舗展開のためには、スタッフの労働環境や店舗設備の見直しが必要になってきます。[⬇第7章・売上げ倍増の経営術&設備]

□店舗以外での活動にも積極的か

⇩

近年はラーメンイベントや催事が増えています。新たな可能性を広げるため、出店を計画するのもいいでしょう。店主同士のワークショップも励みになります。[⬇第8章・イベント&コラボ力]

問題点を洗い出し、変えられるところから変えていく

不振店を繁盛店に変えるために、まず行いたいのが、自分の店の問題点を書き出してみることです。良くないと思う点を見つけて、ノートなどに記し、それがなくなるように日々精進しましょう。ラーメン店を成功させるには、**ラーメン職人としての情熱とプロの経営者であることの二つの柱**が必要です。それらを両立させるためには、意識を切り替えて、絶対的な覚悟を持って難しい時期を乗り切るのです。魂を込めた一杯のラーメンがあり、それを売ろうという気迫と謙虚さがあれば、運気と商機が舞い込み、勝ち組への道が開けてきます。

繁盛店への道

今の問題点を書き出す

[例]
- ラーメンを残されることが多い。
- 立地環境のニーズを考慮していない。
- オペレーションを体系化していない。
- 接客についてのルールを作っていない。
- 周囲の人の意見に耳を傾けない。

⇩

一つ一つ、できるところから変えていく

[例]
- 人の意見を聞き、味を改良する。食材や原価率についても見直す。
- 店周辺の客層や人の流れを調査して、求められている味とメニューを考える。
- お客様を待たせないオペレーションを考え、スタッフたちと連携をとって行う。
- 笑顔、挨拶、元気は基本。全スタッフが商品の特徴を理解し、説明ができるように。
- お客様、店のスタッフ、業者さんなど、店につながりのある人の意見を聞き、改良できるところを変えていく。

＋

ラーメンのことを考え、ラーメンで生きていくという情熱と意志を再確認する

⇩

お客様が増えていき、繁盛店への道が開ける

第1章

売れる商品の鉄則

今は「おいしいラーメン」は当たり前。繁盛店になるには、味にプラスして感動やサプライズ要素を増やすのが決め手となる。スープ、タレ、麺、トッピングと個性の打ち出し方はさまざま。圧倒的な商品力で売れまくる勝ち組店が、商品開発の秘訣を語る。

売れない味に執着せず、がらりと変えてしまえ！

我《が》武《む》者《しゃ》羅《ら》

東京都渋谷区

店主　蓮沼 司

まったく売れないラーメン屋だった

独立後、［心や］という屋号の1号店を渋谷区幡ヶ谷で開業して、大失敗したんです。お客様が来てくれず、1日20杯しか売れなくて、自信も喪失してストレスで頭がはげるかと思いました。

横浜では成功した味が、なぜこのエリアではウケないのか……。「一体なぜなんだ？」と、負けを認めたくなくて必死でやっていましたが、半年間ずっと、まったく売れないラーメン屋でした。

転換点　**でも、一回〝負け〟を認めて「いったん閉めよう！」と頭を切り替え、そのときに初めて味を変えて、さらに屋号も【我武者羅】に変えました。今まで売れなかったラーメンに執着せずに、自分が試してみたいラーメンをどんどん作り、毎週、限定**

PROFILE【はすぬま つかさ】
調理師学校卒業後、フレンチの料理人を志してレストランやホテルで経験を積む。経営を学ぶために弁当のFCを手がけて最年少オーナーになり、横浜の人気ラーメン店に勤務後、東京で独立。最初の半年間はまったく売上げがたたず、負のスパイラルにおちいる。売れるラーメン屋になるため、味を再考してがらりとやり方を変えたのが契機となり、一躍、人気店に。今では3店舗の繁盛店を展開する。

ラーメンを提供していったのです。

すると、同じ時間帯に同じ店で出せるメニュー構成ではなくなっていき、だったら思い切って別の曜日、別の時間帯で屋号を変えて違う味のラーメンを出すスタイルにしよう、ということで二毛作営業が始まり、最終的に三毛作営業にまで広がっていきました。

味によって屋号を変えて二毛作、三毛作営業に

屋号を［我武者羅］に変えてから、最初は鯛節を使ったラーメンだけだったんですが、その後、味噌ラーメンも作りました。

僕は新潟出身だから新潟の味噌ラーメンをやりたかったんですが、太麺なので茹で時間に7～8分かかり、平日のサラリーマン相手だと、営業効率が悪くなりすぎてできないんです。

そこで考えたのが、週末限定のラーメンだったのです。

独自の方法

味噌ラーメンは土・日曜限定でやろうということで、土・日曜だけ、［弥彦］の屋号で営業を始め、二

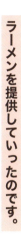

味噌ラーメンは［弥彦］の屋号で土・日曜に提供

毛作営業になりました。

その後、夜のラーメン意欲を満たす味として、背脂煮干しラーメンを作りました。夜9時になったら、［我武者羅］の屋号の店を一回閉めて、15～20分くらいの間にパッと暖簾を付け替えます。屋号は［どっかん］。この店名で平日の夜だけ、背脂煮干しラーメンを提供することにし、これで三毛作営業になりました。

3種類のラーメンでいろいろな客層を取り込んだ

このスタイルにしたことで、土・日曜は平日とはまったく違う層のお客様が来てくれたり、遠方からも足を運んでもらえるようになったんです。しかも、初めて来てくれた人は、「この店って3種類のラーメンが食べられるんだよ！」ということで、3種類をコンプリートしようとするお客様もどんどん増えました。

おもしろい営業スタイルということでメディアに取り上げてもらったり、口コミが広がったりして、来客数が確実に増えました。

売上げアップ

1店舗でファーストブランドからサードブランドまで展開していましたが、すべてのブランドの売上げが、ずっと右肩上がりで伸びていったんです。

このように三毛作営業は、同じエリアのなかで、いろいろなお客様の来店動機やニーズに対応できる部分や話題性にもつながるので、集客数が増えてきます。

何より、自分が楽しんで営業することでモチベーションも上がります。それも、繁盛店につながった大きな要因だと思います。

展開する店舗は内装もおしゃれで女性も入りやすい

キノキノの目線

一度店を構えたら、場所を変えることは難しいです。それなら、お客様に受け入れられる味に変えることで、繁盛店になる可能性は十分あります。また、同じ店舗でも、二毛作、三毛作営業をして味を変えて、どの味が受け入れられるのかをつかむのも良い作戦だと思います。

お客様の記憶に残るラーメンで勝負する

らぁ麺《めん》やまぐち

東京都新宿区

店主　山口 裕史

近隣にない味を調べ、独自の商品を作る

繁盛店になる大きな要素は、周りにないラーメンを出すことだと思います。1号店の「らぁ麺やまぐち」を高田馬場に出すときは、場所を好きに選べる余地がなかったんです。

その条件のなかで、どんなラーメンで勝負するかを考えることが、商品作りの第一歩でした。

調査　**まず、出店するエリアにあるラーメン店の情報やランキングなどを、インターネットで全部調べて書き出し、すべてのお店のラーメンを食べに行ったんです。**

そうすると、周りには学生さん向けのこってりでガッツリ系を出

PROFILE【やまぐち ひろし】
サラリーマン時代からラーメン作りが趣味で、インターネットに自作ラーメンをアップ。ラーメンスクエアの「ラーメントライアウト」に出場し、2回目に優勝して出店権利を獲得。脱サラして「麺屋にゃみ」の屋号でラーメン屋を始めるが、2年後、集合施設での営業では自分の作りたいラーメンができないと退転を決意。その後、他のラーメン店で経験を積み、念願の自分のラーメン屋を開業し、2店舗を展開中。

しているラーメン屋さんが多いことがわかりました。でも、高田馬場にもいろいろな人がいて、「こってり系のラーメンだけを食べたいわけではない」と考えたのです。

目新しさ

そこで、僕はあっさりしたラーメンで勝負しようと考えました。

もともと、レシピのレパートリーをある程度持っていたので、「もし当たらなければ、変えればいいか」という気持ちで、あっさり系のラーメンを出したのです。その結果、周りにあっさり系の醤油ラーメンがないこともあり、平日は1日200人以上、週末は300人ほどのお客様が来てくださっています。

おいしさの記憶を視覚と香りでも表現

多くの店主が、「今はこのラーメンが流行ってきたから」ということで、売れ筋のラーメンに走りがちになるんですが、それだと二番煎じになってしまい、一番にはなれません。

カツオを鍋で煮出して丼に入れ、香りの記憶に留める

差別化　**ほかにはない記憶に残るラーメンを作ることが重要なのです。だから、周りにないあっさり系の醤油ラーメンという前提に加え、さらに、ウチのラーメンは両極端にふったんです。**

淡麗系のラーメンは、いろいろな食材を組み合わせたバランス型の作りが多く、確かにそれはおいしいです。だけど、我々ラーメン店主でも、どんな食材を使っているかまではわからないことが多いので、一般のお客様が食べると絶対に食材まではわからない。だから、「おいしい」というだけで、なかなか記憶に残らないんです。

そこで、僕は鶏と魚介というふうに両極端にふって、どっちのラーメンを食べても、「これは鶏だよね。こっちはカツオだよね」ということが明確にわかるラーメンに仕上げました。ガラも比内地鶏、黄金鶏の2種類を使って特徴を出しています。

また、最後にカツオを入れて鍋で煮出して、丼に入れる演出も行います。前もってやっても味は同じですが、「一杯一杯にカツオを入れているんだよ！」と言ってもらえるのが、一つのウリなのです。

高田馬場にはほとんどなかった、あっさり系で勝負

話題にしてもらえる要素を商品に盛り込む

つまり、繁盛ラーメン店になるためには、好き嫌いではなくて、「あのラーメン屋はカツオがすごいんだよ！」とか、「あのラーメン屋は鶏がすごいんだよ！」というふうに、いかに話題にしてもらえるかがカギを握るんです。

話題に上がるラーメンであれば、口コミにもつながります。それが記憶に残るラーメンにもなるんです。ただ、もし周りに同じようなラーメン屋があったとしたら、他店にもお客様が流れてしまうので、ここまでの集客が見込めたかどうかはわからないですね。

ポイント

だから、近隣にないラーメンを出すことにプラスして、独自のラーメンで勝負することが、繁盛するラーメン店になれるかどうかを左右すると思います。

キンキンの巨線

「あのラーメン屋さんに食べに行こう！」と特定の店に客が通うのは、独自の味がポイントです。他店と差別化を図るためには、やはり近隣にはない個性のあるラーメンを出すことが重要なのでしょう。

一杯に込めた〝一期一会〟の想いがお客様を呼ぶ

中《ちゅう》華《か》蕎《そ》麦《ば》 とみ田《た》

千葉県松戸市

店主 富田 治

おいしさへの追求が店のファンを増やす

昔から行列店への憧れは強かったのですが、「中華蕎麦 とみ田」のラーメンやつけ麺が売れるかどうかはわかりませんでした。でも、自分の味を多くの方に食べてもらいたいという想いがすごく強くて、どうすればおいしくできるかを毎日考えていたのです。

ラーメン屋を始めた10年前は今のような繁盛店になっていることを想像できず、一日一日が味作りに向かい合う苦悩の日々。ただ、「もっともっとおいしくしたい」という気持ちだけで毎日やっていると、応援してくれるお客様が増えていきました。

「今日のスープはどうですか?」と聞くと、「この前のほうがおいしいね」とか、「スープの濃度が濃くなって、いいね」というような感じで言ってもらえて、どんどん繁盛していったのです。

PROFILE【とみた おさむ】
20歳の頃、出身地の茨城県から東京に遊びに行き、ラーメンのおいしさに魅了される。食べ歩きを始め、旧池袋大勝軒によく訪れた。店主・山岸氏の考え方と味に魅かれ、その弟子の田代氏が茨城に開いた店で、22歳で修業を始め、昼夜働く。28歳で[中華蕎麦 とみ田]を開業。行列が一日中絶えないラーメン屋となり、東京ラーメン・オブ・ザ・イヤーを7連覇。現在は時間集合制で営業。

強い想い

繁盛店を作るには、ラーメンがおいしいのは当たり前で、それにプラスα、ラーメン作りへの取り組み方や一杯のラーメンに対する姿勢を通じて、いかにファンを作れるかだと思います。

渾身のラーメンを毎回、本気で作る

創業当時から、「このお客様には、一生のうちで一回しか僕のラーメンを食べてもらえない」という想いでやっています。カウンターに出すラーメンは、手塩にかけて育てた娘を嫁に出すような一杯なのです。

本気度

つまり、自分がどんなラーメンを本当にやりたいかや、お客様に食べてもらいたいラーメンを本気で作るんだという想いが大切です。

人間誰でも好きなモノにしか興味を持てないので、あっさりの清湯系が好きな人に「二郎系のラーメンをやれ」と言っても、無理な

「とみ田」の味を求めて全国から客が集まる

んです。自分が本当にやりたいと思うラーメンを選べば本気になれるし、思い入れの強さが商品に入って、それがお客様に伝わり、魅了するのだと思います。

「ラーメンの人生観を変える」一杯

お客様から「何でこんな10席の狭いお店でやるの」と言われますが、僕が見ることのできる１００％は、この10席が限界なんです。

店の中には隅々まで僕の気が張り巡らされていて、スタッフの動きも、お客様の食べているところも、気を配ってずっと見ています。その緊張感を持続するため、営業時間は朝11時～夕方までで、杯数は１５０食くらいまで。これが、自分が集中してできるＭＡＸなのです。

来てくださったお客様全員に、「お待たせしました。いらっしゃいませ」と挨拶し、帰り際は、「長い間お待たせして、すみません。ありがとうございました」というお声がけなど、基本的なこともしっかりやりたいと思っています。

以前は２００杯くらいを出していましたが、そうすると回転率を上げる必要があり、お客様を見てやっているつもりでも、絶対に見逃してしまうことが出てきます。食数を増やすと、一人一人のお客様に自分の想いを向けられなくなるでしょう。

信念

ウチは、つけ麺と中華そばしか置いていないのですが、食数を絞り、「この一杯で、あなたのラーメンの人生観を変えます」という想いでやっています。こういう深い想いが、繁盛店になるためには重要なのだと思います。

長年の研鑽による自家製のストレート麺を使用

キンキンの目線

どんな想いで取り組んでいるのかという真剣さや気迫は、絶対にお客様の共感を呼ぶと思います。その思い入れが商品や店の雰囲気に反映されて、繁盛ラーメン店になっていくのでしょう。

24時間ラーメンについて考えられますか？

麺処《めんどころ》 ほん田《だ》
東京都北区

店主 本田 裕樹

〝本物のラーメン屋の店主〟になる覚悟を持つ

繁盛店を作ろうと思うなら、24時間ラーメンのことを考え続けることです。僕はラーメンのことを24時間考えているので、アイデアが湯水のように湧き出てくるんです。

たとえば、「限定ラーメンをやるから考えて」とか、「新店のコンセプトを考えてほしい」と言われたとします。そんなとき、「考えているけど、思いつかなくて……」となってしまう人は、ぜんぜんラーメンのことを考えていないし、言われた仕事しかできないスタンスなので、繁盛するラーメン屋にはなれないわけです。

だから、ラーメンのことを四六時中考えられる状況に自分を持っていくことが、繁盛店になるうえで一番大切なことなのです。

PROFILE【ほんだ ゆうき】
高校時代、地元・茨城県の麺屋こうじグループでアルバイトをし、賄いで食べるラーメンに魅かれる。卒業後、東京でバンドマンを目指してフリーター生活を送るが、20歳で方向転換。茨城県に戻り、麺屋こうじグループで1年修業し、21歳で[麺処 ほん田]を独立開業。味の2本立てと低温チャーシューがウケて、TRY賞などのラーメン賞を総なめし、業界の若きホープに。5店舗を経営し、海外進出も目論む。

迷いを断つ

店主が1日16時間お店にいれば、間違いなく流行ると思います。なぜなら、16時間働くのはすごくたいへんですし、弱い自分との戦いなので、それに打ち勝つことができれば、本物のラーメン屋の店主になれるからです。

お客様が来ないなら、自分で考えて何かを変える

売れる日も売れない日もお店にいて、ラーメンのことをずっと考えていれば、そのお店は成功するようになります。

ウチも最初の頃は、1日30人しかお客様に来てもらえず、ひまな時間には、「どうすればラーメンがおいしくなるか」とずっと考え続け、細かな研究を繰り返しました。営業は夜9時までが基本でしたが、来客数が少ない日は売上げが立たないので、1人で夜12時まで営業していたこともあります。

当時はたいへんでしたが、そのときの経験がすごくいい財産になっています。そういう時代には戻りたくないという気持ちがあるからこそ、繁盛している今の状態が続くように、つねに本気でがんばるという心構えを維持できるのです。

こってり、あっさりの2本立てを東京でいち早く展開

1日数人しか来なかったとしても、ちょっとずつ数が増えていけば、その味を追求してさらにブラッシュアップしていけます。

変革 **もしお客様が来ない場合は、何かを変える必要があります。それが、味なのか、接客なのか、看板なのかを自分なりに考えて、実行するのです。**

それができない人は、繁盛するラーメン屋さんを作ることは到底難しいと思います。

キノキノの目線

繁盛店の店主さんたちの共通点はいつもラーメンのことを考えているということ。何でもそうかもしれませんが、結局は今自分がやっている業界、商品に対して志がないと、成功させることはできないでしょう。

〝うまい〟だけでなく、お客様に伝わりやすい個性を貫く

無鉄砲《むてっぽう》

大阪府大阪市

店主　赤迫　重之

豚骨スープの濃さには手を抜かない、ケチらない

［無鉄砲］のラーメンは「超濃厚豚骨」というイメージを、多くのお客様が持ってくれていると思います。

2000年代に豚骨ラーメンが全国的に増えていたとき、お客様から「他のラーメン店よりスープが薄い」と比べられたくなかった。

ウチの鉄則　**そこで、一杯のラーメンに骨をどれだけ使うかを追求した結果、濃度の濃い豚骨ラーメンに仕上がっていきました。**

忙しくなってきたラーメン店が、ダシを節約してスープが薄くなっていくのを見てきたので、「おれは忙しくなっても節約する気

PROFILE【あかさこ しげゆき】
大学時代、九州の1軒のラーメン屋の味に感動し、ラーメン業界で生きる決意をする。大学卒業後は親との約束で3年間会社に勤務。退社後、感動したラーメン屋に修業願いに行くも断られ、テントで野宿しながら約1週間通って了承を得る。5年間の修業後、地元・奈良で開業。自らを「豚骨バカ」と呼ぶほど、火・水・豚骨に徹底的にこだわり、豚骨ラーメンを追求。10店舗を経営し、イベント出店にも注力。

はない」、「忙しくなればなるほど、濃くしていこう」、「濃厚ではなく、うまみ・深みを追求しよう」と心に決めていたのです。

ダシの濃度はお客様に一番伝わりやすい部分で、それが自分のバロメーターだったんです。「うまい！　まずい！」は自分の主観ですから、お客様の味覚と違うこともあります。

勝負のコツ

うまいラーメンというのは伝えにくいですが、ダシが濃いことは「お！　このラーメンは濃いな！」と誰にもわかるし、「この店は食材をケチらずがんばっているな」と思ってもらえる一番伝わりやすい要素なのです。

その「濃厚豚骨」のイメージをお客様に持ってもらうために、豚骨に派生するラーメンを、メニューの数を絞り込んで提供しています。いろいろなメニューを増やせば増やすほど、豚骨というイメージが薄くなってしまいますから……。そして徐々に、創業からものすごく時間はかかりましたが、「［無鉄砲］＝豚骨」というイメージが定着してきました。

食材としての豚骨を追求して生まれた至高の一杯

両極を揃えて中間も作り、すべてのニーズに応える

かといって、あっさりしたラーメンが確立していないわけではありません。あっさり系のメニューがあるおかげで、[無鉄砲]は存続していると言えます。

ウチの豚骨ラーメンは極端にこってりしていてインパクトがあるので、一方で、究極のあっさりしたメニューを置くことで、こってりした豚骨ラーメンがより一層引き立つんです。

得意技

今以上にメニューを増やす必要はなく、究極のこってりと、究極のあっさりがあることで、それを合わせてダブルスープを作ることができ、ちょうど真ん中の味も生まれます。これで、こってり好き、あっさり好き、中間のスタンダード好きのすべてのニーズを取り込めるんです。

つまり、ただ単にインパクトを求めればうまくいくわけではなく、同時に繊細さもないと繁盛しにくい。だから、ウチでは繊細なあっさりにも力を入れているのです。

醤油ラーメン、塩ラーメン、味噌ラーメンといろいろな味がありますが、それらはどれも調味料の名前なんです。しかし、豚骨ラーメンだけは〝ダシ〟の名前です。

その豚骨という部分がもっとお客様に伝わるよう、誇りを持って極めていくことが、僕が思う繁盛ラーメン店になるための秘訣です。

キンキンの目線

濃厚だけを追求するのでなく、その逆のあっさりも追求することで、濃厚な味の商品がより一層引き立つ、というメニュー戦略は学ぶことが多いです。

丼を介してお客様と対話する

麺《めん》や 七彩《しちさい》

東京都中央区・中野区

店主 藤井 吉彦 阪田 博昭

注文を受けてから麺を打つ独自スタイルを確立

当たる商品を作るには、自分の作りたいラーメンではなく、お客様に求められるラーメンを作ることです。そうすれば、おのずとお客様は来てくれ、それがほかにない商品であれば、求めている人も多いので、繁盛するラーメン屋になれると思います。

ウチの流儀

八丁堀の【麺や 七彩】では煮干しラーメンを主軸に展開し、オーダーが入ってから、麺を手打ちで打って提供するスタイルを取っています。手間ひまかけた本当においしいラーメンを食べたいと思ってくださるお客様に、たくさん来ていただいています。

PROFILE【ふじい よしひこ・さかた ひろあき】
ダブル店主という珍しい経営スタイルを採る。20代にイタリアンのFCで出会い、お互いの飲食業での経験を踏まえ意気投合する。埼玉県[麺匠むさし坊]のプロデュースでは13席の店舗で月商1200万円を叩き出す。2007年開店の[麺や 七彩]は1週間ほどでコンセプトを一気に作り上げ、東京ラーメン・オブ・ザ・イヤーの最優秀新人賞受賞。八丁堀店では注文後に麺を手打ちし、1日300人を超える人気店に。

八丁堀はビジネス街で、ランチ目的のお客様がすごく多いエリアで、何よりも早さが重視されます。周りには「早くて、安くて、そこそこおいしい」料理店はあっても、本気で手間ひまかけて作った料理を提供する店がほとんどありません。

だから、[麺や 七彩]の客層は、時間がない人は少なく、おいしい料理を食べたいという人が多いのが特徴です。

つまり、スピード重視の人をターゲットにしている他店に対して、ウチはゆっくりすることを重視するお客様だけに来てもらいたい、という真逆の方向性を追求しています。

エリアの特徴も見据え、必要な商品を提供する

八丁堀近辺は、ラーメン屋さんはあっても、夜は居酒屋業態になるという傾向の場所で、「ラーメンに命を懸けています」というような本当のラーメン専門店はないんです。

また、濃厚な豚骨魚介のラーメン店ばかりで、煮干し系ラーメンを提供しているお店はどこにもありませんでした。だから、煮干しラーメンをやれば、絶対に多くのお客様に来てもらえることは、

注文後に麺を手打ちするという究極のスタイルを持つ

オープン前からわかっていました。

それを確信できたのは、オープンして1カ月くらい。近隣のラーメン屋さんのメニューに、同じように煮干しラーメンがどんどん増えていったんです。

ポイント
つまり、必要な場所に必要な商品を提供できれば、お客様はおのずと来てくださると思います。

お客様の想いや感想は丼を見ればわかる

しかし、そのときに流行っているラーメンを同じように出して当たるかと言えば、それほど簡単ではありません。

繁盛させるには、お客様と真剣に対話できるかどうかが大切です。〝対話〟というのは、提供したラーメンに対してお客様がどのように感じているか、つまり、お客様が帰ったあとの丼の中が何を語っているかです。

八丁堀店では周りの店と一線を画す専門性を提供

変える **スープが残っていたり、麺が残っているのであれば、「悔しい」と思い、「これを完食させるにはどうすればいいか」をつねに本気で考え、現状を変えられるかどうかなのです。**

それを繰り返していけば、繁盛するラーメン屋として、ずっと生き残っていけると思います。

単純においしいというレベルではなく、「また食べたい」と思ってもらえるかどうか。そのためには、自分たちが毎日食べて、おいしいと思えるかどうかが、重要なバロメーターです。もし、そうでないモノなら、どこかに欠陥があるはずです。

自分たちが「おいしいなぁ～」と思えるラーメンを作り続けていけば、お客様もまた食べたいと思い、繰り返し来てくれる繁盛ラーメン店になれるのです。

キノキノの巨線

このエリアならこういうラーメンが絶対に喜んでもらえる、という商品作りが繁盛店の秘訣です。また、お客様が食べ終わった丼を見てつねにブラッシュアップしていく向上心が、多くの支持につながるのでしょう。

地元の食文化に沿う味作りで、関西味噌系のパイオニアに

みつか坊主《ぼうず》

店主　斉藤 光典

大阪府大阪市

関西人にも好かれる味噌ラーメンを考案

［みつか坊主］は味噌らーめん専門店で、味噌に特化しています。もともと関西には、味噌ラーメンという概念はほとんどありません。だからこそ、関西のお客様が食べやすい味噌ラーメンを追求し、たとえば、麺を細くしたり、脂を少なくあっさり仕上げたり、というふうに商品を作り込んできました。

ウチの得意技

そこで重要なのが、地域やエリアのお客様の嗜好に合わせて商品を作り、受け入れられるようにアレンジすることです。

関西はもともとうどんを食べる人が多く、あっさりしたダシ文化

PROFILE【さいとう みつのり】
6年間ほど通信関係の営業マンをしており、最後に北海道を担当。北海道ラーメンを地元大阪に誘致しようとがんばるも実らず。30歳になる頃、誘致が難しいなら自分でやろうと思い、自宅で味噌ラーメンの研究を始め、開業。当初は集客が厳しく、味の改良を繰り返して2年目に『関西ウォーカー』でグランプリを受賞。ラーメン店で修業しなかった自由な発想が人気を得て、1日300人を超える繁盛店に。

が基本です。そんななかで、いきなり味噌ラーメンを提案しても、受け入れてくれるのはごく一部の人にとどまってしまいます。

だから、一般的な縮れた太麺で、味の濃い味噌ラーメンとは一線を画した商品にしました。

具体的には、かつおベースのダシに昆布を合わせて、なるべく関西の人でも馴染みやすい、あっさりしたうどんに近い和風スープを使い、淡麗な味噌ラーメンを提案しました。

その味に反応してくれる人がどんどん増えていき、「おいしい」という良い反応もあれば、「こんなラーメンは味噌ラーメンではない」という悪い反応もありました。

口コミで伝えやすいコンセプトと味作りも大切

市場にない、あっさりした新しい味噌ラーメンを提案していったことで、良くも悪くも口コミが広がり、本店は1日300名くらいのお客様に来店していただけるようになりました。

とくに、「味噌ラーメンだけど、あっさりしている」というのが、食べたお客様がほかの人に伝えやすい要素だったのでしょう。

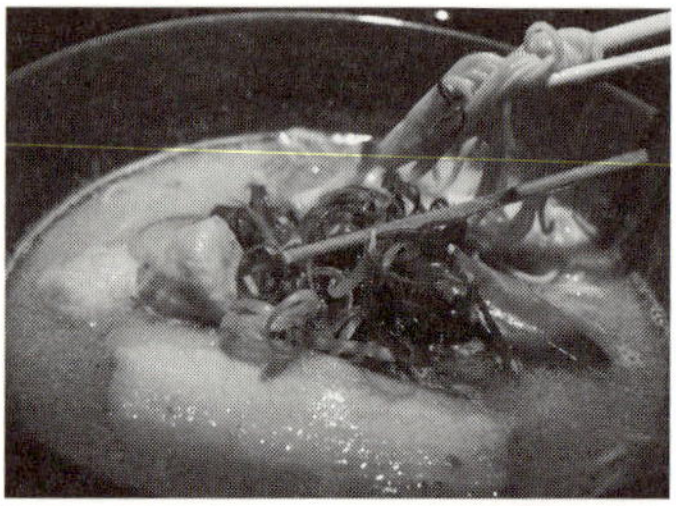

「大阪で味噌系は難しい」という既成概念を破った名店

勝負のコツ

繁盛するためには、お客様がほかの人に伝えやすいコンセプトで、ほかにはない部分や口コミが起こりやすいラーメンを作っていくことも重要だと思います。

つまり、市場のトレンドに合わせた商品作りをしながらも、出店するエリアの特性や食文化を考慮して自分なりにアレンジをし、お客様に受け入れられるような商品を作ることが大切なのです。

キノキノの目線

市場にないラーメンをいち早く展開し、かつ、地域特性に合わせてウケる味にアレンジすることも、繁盛店になるための大きなアドバンテージでしょう。

「あの店でしか食べられない」という商品を作る

G麺7《ジーめんセブン》

神奈川県横浜市

店主　後藤 将友

家庭では再現できない自家製麺を提供

流行るラーメン屋になるうえで重要なのは、一般の人が家庭では作れない商品を提供することだと思います。

今の時代、インターネットのレシピサイトを見れば、誰でも簡単に家でおいしいラーメンを作れます。

差別化

だから、家では絶対に作って食べられなくて、店に足を運ばないと味わえないラーメンを提供することが大事なのです。

［G麺7］は自家製麺にこだわっていますが、200kgの圧力をかけて作る中華麺は、家庭では真似ができない。しかも、一般的な製

ラーメン専門店でこその味が人気を呼ぶ

麺屋さんや、自家製麺のラーメン屋さんが使っている切歯とは違う、丸歯を使って製麺しています。そのため、歯ごたえや舌触りがまったく違い、「他店では食べられないラーメン」という感動を与えることができていると思います。

ほかにも、チャーシューは吊るしてスモークしていますが、これも煙がかなり出る方法なので、なかなか家庭ではできません。

このように、作りたくても家庭では絶対に作れない要素をたくさん取り入れて商品作りをしていけば、その店に行く価値がどんどん高まっていきます。

スーパーで買えない特別な食材を使う

また、一般的なスーパーマーケットでは買えない食材を使うことも大切だと思います。

たとえば、オリーブオイルを使ったラーメンを作っても、オリーブオイルはどこでも買えます。おいしかったとしても家で作ることができ、わざわざお店に行こうと思ってもらいにくいわけです。

でも、鶏オイルだとなかなか手に入らないので、鶏オイルを使っ

PROFILE【ごとう まさとも】
20歳から数々の飲食業を経験。28歳のとき、知人に誘われてラーメン業界に入り、限定メニューを多数開発。37歳で独立し、一人営業を夜6〜12時までこなす。行列店となって昼営業も始め、社員を迎える。39歳で2店舗目のつけ麺専門店を開き、次いで家族向けの3店舗目も展開。『ラーメンWalker神奈川』総合1位、TRYのつけ麺部門新人賞を獲得。海外向けの味作りのプロデュースにも尽力。

たラーメンであれば、「あの店に行かないと食べられない」となります。鴨を使ったラーメンも、なかなか鴨を買える店がないので、「あの店で食べよう」という流れを作ることができます。

勝負のコツ

つまり、繁盛店にするには、一般的な家庭では作ることができず、その店に行かないと食べられないというポジションをしっかり築けるように、商品を磨いていくことが重要だと思います。

キノキノ目線

今はほかのラーメン屋さんだけでなく、一般の家庭も競合範囲に入ります。だから、家庭では真似のできない商品をいろいろな部分にちりばめて、プロとしてのポジションから築いた商品作りが大切なのでしょう。

新しさのなかにも馴染みのある味作り

ばっこ志《し》

大阪府大阪市

店主　吉田　裕志

ちょっとだけ違和感がある商品が口コミを広げる

繁盛店にするためには、基本的には自分がうまいと思うラーメンを作ることが大事ですが、さらに、お客様にとってちょっとした違和感や驚きがあり、新しいけど馴染みのあるラーメンを作ることが重要なことだと思います。

たとえば、ウチの2号店で提供している「焦がし鶏白湯」は、バーナーで鶏を焦がして低温の油で揚げて香味油を作っていきます。斬新さはありますが、じつは焼き鳥屋さんの地鶏の炭火焼きと同じで、「どこかで食べたことのある」商品に仕上げています。

そうすることで、お客様にとっては新しい感覚を感じながらも、味に馴染みがあるので受け入れやすいのです。まったく新しい商品になってしまうと、受け入れてもらうのに時間がかかったり、もし

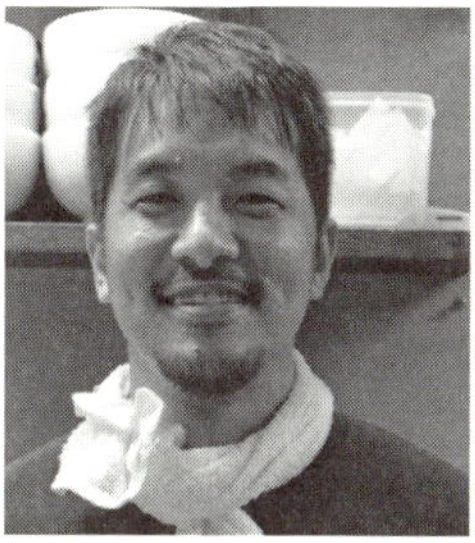

PROFILE【よしだ ひろし】
「将来、社長になりたい」と思い、会計事務所に就職。行きつけの居酒屋で「ラーメンは儲かる」と聞き、26歳のとき、夜に[一風堂]で働く生活が始まる。そのときの店長に「ラーメンはあまくない！」と言われ、掛け持ちをやめてラーメン屋一本に。28歳で、立地を考えずに独立開業し、2年間赤字が続く。そこを立ち退き、33歳で[ばっこ志]をオープン。1回目の失敗を生かして繁盛店となり、2店舗を展開。

かしたら、受け入れてもらえない可能性も高くなります。

秘訣 **つまり、新しさはあるけれど、どこかに馴染みがあるという要素を入れることが、当たる商品のポイントです。**

もちろん、味がおいしいことは大前提ですが、ちょっとした驚きを入れた商品を作ることで、来てくださったお客様がほかの人に話したくなって、それが口コミで広まって繁盛するお店になっていくのだと思います。

キノキノの目線

近年、他店とはひと味違うラーメンを提供するお店がどんどん増えてきています。そのなかで繁盛しているラーメン屋さんの共通点は、新しいなかにもどこか馴染みがあるラーメンを作っていることです。

売れる商品の鉄則

味を変える勇気も必要だ

自分が信じる味にこだわるのは大事だが、エリアの特性によっては、はずれるケースもある。お客様が来ない場合は、味を変えたり、ニーズに合うラーメンに自分から寄っていくというスタンスでやり直そう。

長期的な視点で商品開発

食材にこだわる店が増えているが、そうすると原価が高くなり、経営を長く続けるうえで難しい面が出てくる可能性も。そのへんも含めて、長期的な視点で自分の目指す方向性を明確にし、商品を絞り込む。

家庭ではできない味作り

ほかの店との差別化を図ることに加え、一般家庭で作れないラーメンを作ることで商品力を高められる。家庭では作れない具材、手に入らない食材を使って商品にすることが、お客様の来店動機につながる。

地域特性に合う商品を提供

市場にないラーメンをいち早く提供することで、「◎○といったら、あの店だよね」という流れを作れる。しかし、市場にないということは不安要素もあるので、受け入れられるようにアレンジすることが大切。

一杯のラーメンに魂を込める

「こういうラーメンを作って、お客様に食べてもらいたい！」という強い想いを持つことが絶対に大事。自分のラーメンをおいしくしたいという気持ちを持ち、毎日進化させ続けることが繁盛店のベースになる。

自分が毎日食べられる味に

出店エリアのニーズをしっかりリサーチし、よく考えてから商品を作り込む。ただ、流行りに左右されると、客足が減ってくる要因にもなるので、自分がつねに「うまい！」と思うラーメンで勝負することが重要。

第2章

勝つためのメニュー構成

圧倒的な看板メニューは必須。だが、それだけでは、日々変化するお客様のニーズに対応できない。渾身の一杯に加えて、継続的な来店を促す対極メニューやサイドメニューが必要だ。メニュー構成に何をプラスするかの見極めも、勝ち続けるコツとなる。

当たる商品を考えず、手間ひまかけた一杯を提供する

JET600《ジェットろっぴゃく》

大阪府大阪市

店主　山本 孝弘

あっさりとこってりのために、3つのスープを作る

ラーメンはたった一杯の丼で、おいしさや想いをお客様にダイレクトに伝えて、「もう一度来たい」と思ってもらわなくてはなりません。そのためには、手間ひまをかけることが大切で、それが競争力につながり、お客様から支持されるようになると思います。

また、常設のデフォルトメニューの製法を、他店では絶対にしないような領域までこだわってやることが、ほかにはない独自路線につながります。「JET600」は、1店舗であっさりとこってりのラーメンを出しており、ファミリー層から老若男女まで幅広い層のお客様が来てくださいます。

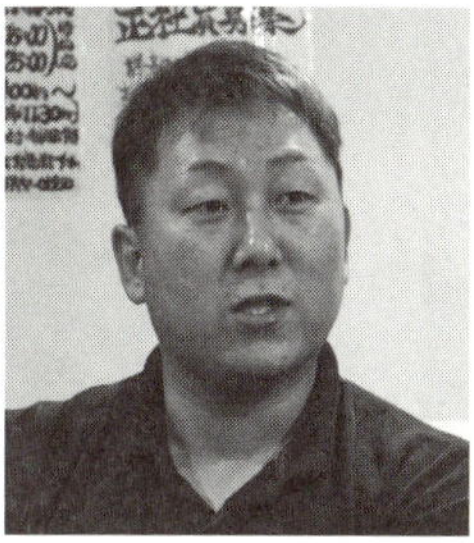

PROFILE【やまもと たかひろ】
トラック運転手時代にラーメンを2年ほど食べ歩く。大好きなラーメン店[きんせい]の中村店主に弟子入りを懇願して認められ、29歳で修業を開始。数カ月後に「きんせい」の名前を借りて東成で開業。初日は行列ができるも、徐々に客が減る。睡眠3時間でガリガリになりながら必死に味を改良し、1年後にブレイク。移転時に[JET６００]に改名し玉造で再オープン。今は1日200人を超える行列店。

ウチの鉄則

この2種類のラーメンをやるために、スープは3つ炊いています。鶏煮込みそばのこってりスープ、あっさりの鶏ガラスープ、魚介スープの3つです。

常時、３つのスープを仕込むのは、なかなかたいへんです。しかし、お客様からすると、注文時に選択肢が増えて選びやすくなり、それによって客層も広がります。

しかも当時、大阪ではあっさりとこってりの2種類を1店舗で出すラーメン屋は、ほとんどありませんでした。限定ラーメンとしてスポットで出すところはありましたが、常設のデフォルトメニューで、ずっとあっさりとこってりの２つのラーメンを手間ひまかけて出すラーメン屋は珍しかったのです。

手間をかけた分だけ、独自性と競争力になる

また、鶏白湯ラーメンといっても、鶏だけを使ってスープを炊いている店はなかなかありません。

ウチは、純粋に「鶏煮込みそば」というネーミングのとおり、鶏を

玉造の鶏白湯と言えば「ジェット」と言われるほど

煮込んだだけの簡単なスープです。炊くだけで10時間くらいかかり、ガラを濾す作業を合わせると12時間以上になります。さらに、スープを冷蔵庫で1日冷やすというふうに手間ひまをかけないと、今のこのスープの味は出せません。

これが競争力になっているのだと思います。

勝負のコツ

1から10まで手作りで、あっさりとこってりのラーメンを自家製麺でやっているからこそ、差別化につながります。

だから、当たる商品というよりも、ラーメンを手間ひまかけて作ることがほかにはない独自性を生み出し、それが繁盛につながるのだと思います。

キンギンの目線

効率化を求める大手に対して、個店は真逆の非効率分野を極めていくことで、唯一無二の味や雰囲気を作り出せます。デフォルトのラーメンに徹底的にこだわることも、多くのお客様から支持される要素でしょう。

49種類のメニュー構成で、何度来店しても飽きさせない

麺屋《めんや》 青空《あおぞら》

大阪府大阪市

店主 本田 隆士

「食べログ」の点数はダウン、売上げは毎年アップ

「食べログ」で評価されるラーメン店の多くは、一品を作り込んで、見た目もきれいなラーメンを提供しており、そうした看板メニューに高い点数がつくという傾向があります。

独自の方法

ウチは地域のお客様に愛される商品と何度も来てもらえる店を目指しているので、ニーズに合わせてメニューを増やすという真逆の商品戦略を取っています。

たとえば、夜もいろいろな種類のラーメンを食べたいというお客様がいます。そのため、一品に力を入れるよりはどんどんメニューを増やし、バリエーションが多いメニュー作りに重点を置き、それ

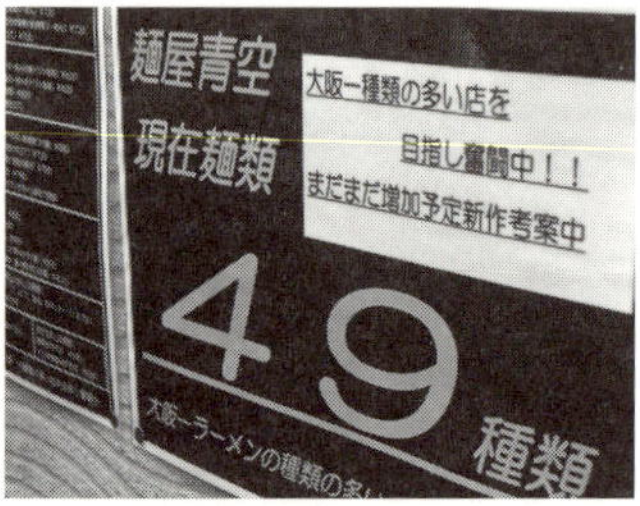

メニューが49種類もあり、何度来店しても飽きない

によって、ますます集客力も上がっています。

しかし、メニューが多いことで、ラーメンフリークさんからは「こだわり感がないラーメン屋」という印象をもたれ、敬遠されがちです。つまり、フリークさんや大阪市内に出て来た人たちには、「食べログ」の評価が高い、周りにあるラーメン屋さんに行ってもらえばいいと考えているのです。

そのため、ウチの「食べログ」の評価は、ピーク時は3・55くらいでしたが、オープン当初から徐々に下がって今では3・15。そして、現在この周辺のラーメン屋さんのなかでは、一番下か下から2番目くらいでしょう。

売上げアップ

でも、「食べログ」の点数とは反対に、売上げは前年対比120％と、毎年上がっています。地域のお客様から愛される店に育ってきたのだと思います。

作業効率をよくしてお客様を待たせない

ウチは営業時間が長いということもありますが、カウンター11席

PROFILE【ほんだ たかし】
ラーメンが大好きで、大学卒業後にラーメン業界に身をおき、[一風堂]や大手チェーン店で修業。30歳で独立を目指すが、子どもが生まれたことで一時断念。その後、4カ月の期間限定出店で成功した店を個店化するという「ラーメン劇場」に挑戦し、4カ月3万食という驚異的な売上げを記録。運営者側から開業オファーを得て個店化を果たす。メニュー数が多いオペレーションを完璧にこなすスタイルが特徴。

で平日は200人以上、土・日曜で300人くらいのお客様に来てもらえています。これは、メニューの多さに特化してきたことが、強みとして発揮されているのだと思います。

ウチの得意技

今は49種類のメニューがありますが、アルバイトでも簡単にできるオペレーションにしており、メニューが多くても提供時間が遅くならないように仕込みもかなり簡略化しています。

つまり、本質的には作業効率面こそがウチのこだわりです。そうすることでお客様を待たせることや商品が切れて提供できないこともないので、開店から閉店時刻まで49種類のメニューを提供でき、来客数も増えているのです。

キノキノの目線

「メニューアイテム数の多さ」という部分に特化することが、多くのお客様から受け入れられ、独自の差別化につながるケースもあります。

ラーメン店では斬新なメニュー構成で成功

麺鮮醤油房《めんせんしょうゆぼう》 周月《しゅうげつ》

大阪府大阪市

店主　田中 慎也

健康志向のお客様に合わせた無化調&自然食品

繁盛店になるには、お客様のニーズをしっかり吟味したうえで、誰もやっていない商品に特化することがポイントだと思います。そうすることで、メディアにも取り上げてもらいやすいし、話題になって、口コミにもつながりやすいからです。

秘訣 **でも、ただやみくもに誰もやってないことをやるのがビジネスとしてヒットするわけではなく、お客様のニーズに合うかどうかをしっかりと考えてメニュー展開することが必要です。**

「麺鮮醤油房 周月」には、自転車で約８００ｍ、徒歩で約５００ｍ圏内のお客様が来てくださっています。この商圏内には、信用金庫、

PROFILE【たなか しんや】
高校卒業後、工業系メーカー勤務を経て、バックパッカーとしてニュージーランドへ。そこで[Mentatz(麺達)]というラーメン店に出会い、1年ほど働くうちにラーメンに魅了される。帰国後、パートナーと一緒に愛媛でラーメン店を開業。有名店に成長させ、大阪にも出店するが、当初はうまくいかず、1日の売上げが9000円の日もあった。その後、徹底的に食材にこだわったラーメンとサラダバーなど独自のスタイルで成功。

百貨店、家電量販店に勤められているサラリーマンやＯＬの方が多く、定期的に健康診断や人間ドックに行くなど、体の状態を数値で把握してメンテナンスに気を使っているんです。

このようなお客様が普段、何を意識しているかというと、ランチなどで食べる食事の質なのです。だから、商圏内のお客様にこの店を選んでもらうために、ウチでは、「化学調味料を使わず、自然食品だけで作るラーメン」というコンセプトに特化しています。

誰もやっていなかった「サラダバー」で差別化

それに加えて、周辺のラーメン店でやっていない「サラダバー」メニューも展開しています。

ウチとつながりのある大阪の農家さんの素晴らしい野菜を、スープとして使うだけでなく、その新鮮さをもっとわかりやすく目に見えるように、お客様に提供したいという思いで作ったものです。

ニーズをつかむ

これは、突然ひらめいたわけではなく、お客様の「なかなか野菜を食べる機会がなくて、

職人気質を生かしたこだわりの無添加ラーメンを提供

野菜炒め定食とかが多くなるんですよね」という声がきっかけで生まれた商品です。

90点以上のクオリティを持つ商品を追求する

このように、商品作りに際して、誰もやっていない何かに特化したモノを作り、圧倒的な差別化を図ることが大事です。

さらに、特化したときに、お客様からの評価が60点くらいだとダメなんです。やはり、つねに90点以上のクオリティを持つ商品を作り続けることで、おのずとお客様が認めてくれ、来客数が増えてくるのだと思います。

つまり、自己満足ではなくて、お客様の顔を見て、ほかにはない自分だけの商品を作っていくことが大事です。

１００人中１００人がおいしいという商品なんてあり得ないので、１００人中10人が確実においしいと言ってくれる商品に特化して、そこからさらに抜きん出るくらい研ぎ澄ませていくことが、繁盛するラーメン屋さんになるためのポイントだと思います。

キンキンの目線

「無化調」などの健康志向の店が増えれば、差別化要素が薄れてしまいます。そのなかで、お客様のニーズからサラダバーを展開し、さらに健康志向に徹底的に特化することが、繁盛店の要素になっているのでしょう。

自分の作りたい商品とお客様のニーズをマッチさせる

麺《めん》や多《た》久《く》味《み》

東京都江戸川区

店主　大日方 卓見

メニューのラインナップでリピート客を増やす

ウチは地域に根ざした15席の店ですが、休日には、200人以上が来てくれ、リピート率は80％くらいです。今まで続けてこられたのは、やはり地元のお客様の支えが大きいと思います。そういう方がリピートしてくれる理由に、メニューの豊富さがあります。

ポイント

お客様から新たなメニューを求められることがあり、「あまり増やすとたいへんだ」と思いながらも、お客様が食べたいのであればと、どんどんメニューが増えていきました。

たとえば、夏にお客様から「つけ麺やらないの？」と言われ、人生で1回ほどしか作ったことがなかったのですが、まず賄いで作ったた

PROFILE【おびなた たくみ】
高校卒業後に長野から上京し、居酒屋の寮に住み込みで働き始める。昼は[一風堂]でアルバイトをし、ラーメンの奥深さに魅せられる。20歳で背脂チャッチャ系店で修業し始めるが、21歳のとき、上京後に働いていた居酒屋がラーメン店を立ち上げることになり、店長として2年勤務。その後、恩師である[大慶]で修業し、27歳で独立を果たす。多い日は1日200人以上が来店する地元の人気店となる。

ら、自分もスタッフの皆も、「これはうまい！」というモノが作れました。そこで、店のメニューとして提供したら、大ヒットして、一気にお客様の数も層も増えました。

こういう経験からも、リピートしてもらうためには、客層とニーズに合ったメニュー開発が重要です。開業時には「ターゲットを決めないとダメ」という人もいるでしょう。しかし、開業後はどちらかというと、お客様に合わせて、店側がニーズをくみ取り、応えていくスタンスがリピート率向上につながると思います。

ただし、「自分が作りたいモノを作る」という姿勢が前提です。

ウチは、オープン当初は醤油ラーメンと塩ラーメンしかなかったのですが、お客様の層に合わせてメニューを広げ、今ではつけ麺、まぜそばなど12種類くらいに広がっています。とくに、塩つけ麺を始めたときにリピート率が一気に伸び、メニューを増やしてからは、ファミリーやカップルのお客様も増えてきました。

券売機を置かずにお客様とのやりとりを増やす

リピーターのお客様を増やすために、もう一つやっているのが、

メニューを徐々に増やし、つけ麺も5種類を提供

コミュニケーション作りです。

独自の方法　**ウチの場合、注文は券売機ではなくレジを置いています。わざとお客様とのやりとりを生じさせて、お客様の表情をうかがうためです。**

そうすると、お客様とコミュニケーションができ、お客様の顔を覚えることもできます。さらに、脂が嫌い、ネギが苦手などの好みを覚えて、次に来ていただいたときに「ネギ抜きですよね？」と言うだけでも、喜んでくださいます。

わざわざ1時間くらいかけて来てくださる方から、「また来たよ」というようなやりとりができる雰囲気を心がけています。このような、お客様とのつながりを持てる環境を作ることも、常連のお客様を増やし、長きにわたる繁盛店にするための秘訣だと思います。

キンキンの目線

自分の作りたい商品を作ることが重要だけど、それがお客様のニーズにマッチするかを考えることが大切ですね。

ターゲット客層をイメージして化学調味料を考える

渡《わた》なべ

東京都新宿区

店主　渡辺　樹庵

食にこだわる人だけを狙うと、経営が厳しくなる

僕自身は、化学調味料は嫌いで、無化調でがんばっているラーメン屋さんに好感を持っているし、今後も「渡なべ」のメインメニューで化調を使うことはないです。しかし、商売として成功させようと思うのであれば、化学調味料は完全に否定できません。

ラーメン屋経営を10年以上続け、また、ラーメンを年間４００杯以上食べてきて、今思うことは、繁盛店のほとんどが、化学調味料を使っているということです。

勝負のコツ

その理由は、圧倒的に母数の多い、幅広い客層を相手に商売することができるからです。

自ら経営・プロデュースする店でも味を使い分ける

人口ピラミッドで考えれば、食に対してこだわってお金をかける人は、その上のほうに属する人たちです。逆に、下のほうの多数派は、食にそこまでこだわらない人たちです。

つまり、食につねにこだわる人の数は、圧倒的に少ないのです。

それにもかかわらず、ラーメンの作り手は概してこだわりが強く、おいしいラーメン作りを追求していくと、良い食材を使いたくなり、良質の食材を使えば、化学調味を排除したくなります。

その結果、価格が高くなり、おのずとターゲットが人数の少ないピラミッドの上のほうになってしまうケースが多いのです。

意識的、無意識的にしろ、その層を狙っている店は多いので、非常に厳しい経営を強いられることになります。もし、その年の新店評価でトップ5位に入るラーメンを作る自信があれば、〝無添加にこだわったラーメン〟という路線で勝負すればいいと思います。

しかし、そこを目指すのでなければ、数が多い食にそれほどこだわらない基盤層を狙うほうが絶対にいいのです。多くの人は、化学調味料が入っているかどうかを毎回の食事で気にすることはありません。その大多数をターゲットとすることが大切です。

PROFILE【わたなべ じゅあん】
大学2年で自分が納得するラーメンを開発し、ラーメン屋に負けない味だと確信。将来はラーメン屋にと決意するが、たまたま入ったラーメン屋の大将から、店の立て直しの依頼を受け、すべてをリニューアルして繁盛ラーメン屋に立て直す。それがメディアに取り上げられ、同様の依頼が殺到し、「ラーメンコンサルタント」の道へ。自身もラーメン屋を開業して大繁盛し、店舗展開やイベントも仕掛ける。

無化調で行列を作り続けている例はあまりない

一時期は無化調ラーメンブームが来ましたが、東京のラーメン業界を見渡しても、無化調で行列が続いている店はほとんどないというのが現実です。長い間、人気をキープして流行り続けているラーメン屋さんは、ほとんどが化学調味料を使用しています。

短期間でよければ、無化調でも行列のできる人気店を作れるでしょうが、10年、20年と長く繁盛するためには、やはり、化学調味料とどう向き合うかを考える必要はあると思います。

ポイント

個人的に化学調味料は否定派ですが、ビジネスとしてラーメンをやるのであれば、化学調味料を使うことも視野に入れた商品作りをする必要があるでしょう。

キンギンの目線

無添加にこだわり続けている「渡なべ」さんの今の持論が、化学調味料を使うことも視野に入れているというのは驚きです。これからの時代は、確かに、人口ピラミッドを意識した商品作りも大切でしょう。

麺線一つでも特化すれば、大きな強みになる

麺《めん》や食堂《しょくどう》

神奈川県厚木市

店主　望月 貴史

流行りのラーメン以外でも、やり方で勝負できる

10年ほど前、ウチの商品を徹底的に分析したことがあります。当時はこってりしたインパクトのある魚介系豚骨ラーメンがブームで、ウチのあっさり淡麗系は売れないという結果になったんです。

信念
でも、ラーメンは嗜好品で常習性のある料理なので、淡麗系でも繁盛させることは十分できると、今は思います。

たとえば、自動販売機にある炭酸ジュースやコーヒーは、「飲みたい！」と思って飲む飲料水ですが、お茶は喉を潤したいときやホッとしたいときに飲む、インパクトはないけれど万人に受け入れられる日常的な飲み物です。自動販売機のなかには、炭酸ジュースや

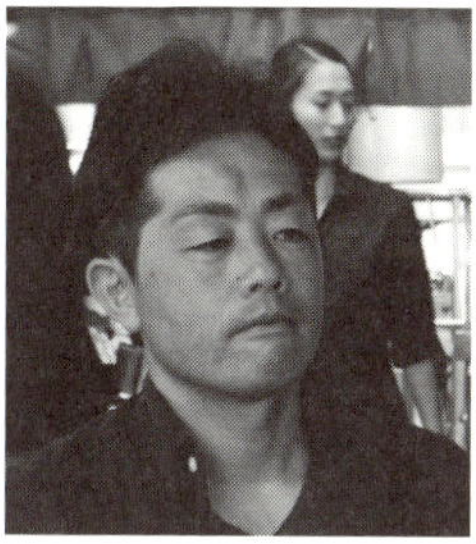

PROFILE【もちづき たかふみ】
アメリカに留学後、実家である食堂の三代目として家業を継ぐ。22歳で調理師学校に通い、料理の基礎・基本を学び、調理師免許を取得。子どもの誕生を機にラーメン作りを学び始め、本格的なラーメン作りに着手する。食べ歩きを始めて、[支那そばや]のラーメンに衝撃を受ける。自己流・独学で研究を重ね、自身が納得するラーメン作りに励み、日々変化と進化を続けている。20年以上続く繁盛店となり、現在3店舗を展開。

コーヒーだけでなく、必ずお茶が置いてあります。

お茶と同じように、〝普通〟と言われる昔ながらの淡麗系中華そばは、なくてはならない商品であることは確かです。では、それをいっそう際立たせるには、どうしたらいいかを徹底的に考えました。

〝普通〟を際立たせるため、麺を美しく見せる

スープや麺の素材などの蘊蓄を謳っても、自己満足になって一般の方には伝わりにくいし、また、ほかのラーメン屋さんと同じことをやっても埋もれてしまいます。

だから、ほかにない部分を研ぎ澄まさなければなりません。ダイレクトに一発で、お客様にわかってもらえる要素が必要なのです。

そんなときに気づいたのが、ウチがほかのラーメン屋さんと違う点です。それは、ずっと細麺でやってきたこともあり、平ざるで麺を泳がせながら湯がくという昔ながらのスタイルでした。

独自の方法
これが強みになると気づき、この麺を美しく見せることができないかと考えて、一本一本の麺線がきれ

麺線を美しく見せることで人気が出た淡麗系中華そば

いな盛りつけのラーメンを作るスタイルに辿りつきました。

それが今ではウチの一番商品として認知され、北海道のラーメン屋さんがウチのラーメンを知るようになったり、九州の方が麺を見せてくれないかと店を訪れたりするほどです。

だから、見せ方でも味作りでも、「普通はそこに着目しないでしょ」というようなところに特化すれば、多くのお客様に注目されるラーメン屋になり、繁盛していくのだと思います。

ターゲットの設定はメニューとリンクする

ニーズをつかむ

店の具体的なターゲットを設定して、その人に合うメニューを考えることも大事です。

ウチの場合は、33歳の男性です。既婚で小学校低学年の子どもがいて、ちょっと肥満になって健康診断でコレステロール値が高いと診断されて、ラーメンが大好きだけど、こってりしたラーメンだと

実家の食堂を地元で愛されるラーメン店に立て直した

ヤバいからあっさり系を注文する。でも、物足りないから、サイドメニューも追加しよう、というお客様をイメージしています。

だから、ウチのメニューは、あっさりラーメンに充実したサイドメニューを加えた構成です。結局お腹一杯になったけれど、ラーメンは淡麗系であっさりなので、あまり罪悪感を感じず、最終的には食べすぎたけど、満足できたというオチになるのです。

しかも、それが1000円札1枚でお釣りがくる価格帯なので、次は家族を連れてきてもらえる、というわけです。

差別化しづらい淡麗系の中華そばでも、どこかひとつ、ほかにない要素とメニュー構成があれば、競争力となるのです。

キンキンの目線

淡麗系ラーメンは「インパクトが少なく繁盛するのは難しい」ということはなく、どんな商品でも、そこのお店にしかない特徴的な要素があれば、お客様はそれを目がけて来てくれるのだと思います。

アイドルタイム活用と女性目線の取り組みで人気店に

九月堂《くがつどう》

東京都渋谷区

店主　井上 貴史

ニッチな客層に着目し、アイドルタイムを活用

［九月堂］は妻が一緒に店をやっていることもあり、女性のお客様に来てもらえるように、清潔感がある白の内装です。

看板もビジュアルのインパクトを強くし、パッと見た瞬間に何屋かがわかるようにしていて、女性目線でいろいろ試した結果から、今のラーメン屋があります。もし、妻と一緒にやっていなかったら、ぜんぜん違う店になっていた可能性が高く、この渋谷エリアで商売をしていたかどうかもわかりません。

また、妻が作っているスイーツがあったからこそ、できた部分もあります。ラーメンとのセットでごはんや餃子があるラーメン屋さんはあっても、甘いモノとのセットは珍しい。だから、そこが強みになるとオープン前から思っていて、ほかとは違う何かができない

PROFILE【いのうえ たかし】
大学時代にラーメンが好きになり、26歳でラーメン屋で働き始める。食べ歩くなかで、[中村屋]のラーメンに衝撃を受け、その系列の[ZUND-BAR]の支店[AFURI]のアルバイトに。28歳で念願だった[ZUND-BAR]で働き始め、5年間の修業後、33歳で独立。自らを「スープ職人」と呼ぶほどスープに徹底的にこだわり、2階の目立たない立地ながら来客数は1日150人を超え、女性客が半分以上。

かと考えていたことを具現化したのが今の店です。

とくに、ウチはラーメンがあまり出ない時間である午後3～6時くらいのアイドルタイムが弱かったんです。

目新しさ

そこで、「ラーメン以外でも営業していますよ」とアピールするために、アイドルタイムにカフェ感覚で使ってもらえるよう、妻が作った甘味、パフェ、フロートなどを提供し始めました。

渋谷という立地もあり、ライブまでの時間つぶしの場所がない方、チェーンのコーヒー店だとタバコを吸えない方、ラーメンは重いけど甘いモノだと食べてもいいかなという方など、ニッチな層を受け入れる空間作りにつながっています。このように、新しいお客様の市場をいかに受け入れられるかも、大きなポイントだと思います。

〝カフェ〟のお客様が〝ラーメン〟のリピーターに

ただ、あくまでもラーメン屋なのでラーメンを食べてもらわない

2階立地というハンディを集客力の工夫で乗り越えた

と意味がないわけですが、2人、3人で来たお客様の場合、ラーメンの匂いに反応して、そのなかの1人はラーメンを食べるというような流れが作れています。ラーメンの匂いは皆好きですし、食べたくなる匂いのラーメンを作ろうとがんばっています。

特定の時間のみ業態を変えただけで、ラーメンを食べに来る以外のお客様が来てくださり、1日の集客が最高30人くらい増えました。

売上げアップ　**一度カフェ感覚でお店を使っていただいたお客様のほぼ100%が、ラーメンを食べにリピートしてくれ、そのためにカフェ業態が役立っています。**

カフェ業態を付加して、女性のお客様を取り込む

逆に言うと、多くの人がそれだけラーメンが好きということなのです。一度ご来店いただき、そのときはラーメンを食べなかったとしても、「居心地がいい空間でラーメンが食べられるんだな」と思ってもらえたら、次に来てくれる流れになるわけです。

カフェとしても使えるしゃれた内装で女性客を増やす

ポイント

一度使ってくださったお客様は、初めて行くお店よりも2回目に来てくれる可能性は格段に高くなるし、「次はラーメンを食べてみよう」というふうにもなります。

だから、集客が落ちるアイドルタイムにカフェ業態を付加することは、集客アップにつながるのはもちろん、女性のお客様の取り込みにも貢献すると思います。

キノキノの目線

集客が落ち込みやすいアイドルタイムである午後3～5時の来客数をアップするために「九月堂」さんが取り組んでいるカフェ業態の付加は、新規の集客だけでなくリピート率アップにもつながる新たな戦略と言えるのではないでしょうか。

勝つためのメニュー構成

メニュー数を多くしてみる

繁盛店の大きな特徴は何かに特化しているところ。一つの個性的な商品に絞り込む店もよいが、オペレーションが可能なら、メニュー数を多く打ち出すのも手。味が豊富だと、その分来店動機が増える。

オンリーワンの商品作り

常設メニューに徹底的にこだわり、「あの店でしか食べられない」というイメージを作ることが大切。ほかの店がやらないようなところまで突き詰めて商品開発をしていくと、確実に差別化要素が生まれる。

味に加え、見た目も重要

繁盛するためには、記憶に残り、口コミで話題になる要素を商品とメニューに作り込むことが不可欠。流行る味が単純に儲かるわけではなく、見た目や繊細さを研ぎ澄ませると、独自のウリを作れる。

徐々にメニューを増やす

開業後、オペレーションに慣れてきたら、お客様のニーズを聞き、それにマッチするメニューを展開するのも繁盛店のベースになる。ただ、「自分が作りたいモノを作る」という根幹は変えないこと。

女性客アップの秘訣も知る

女性のお客様も増やそうとすると、女性目線で店作りをすることが大切になる。客観的に女性にアドバイスをもらいながら店舗作りやリニューアルを行い、POP・看板作り・メニュー作りをしていく。

ターゲットを設定する

出店エリアのメインターゲットを設定し（性別、年齢、職業、好みなど）、その人が食べたいと思うメニュー構成を考える。すると、作るべきラーメンの特徴や揃えるべきサイドメニューが見えてくる。

第3章

立地と周辺環境の掟

飲食店の成功は立地や周辺環境に深く関わるが、駅前の一等地がベストとは言えないのが、ラーメン屋のおもしろさ。目立たない路地裏や駅から遠い住宅街にも、日本有数の勝ち組繁盛店が多数存在する。環境と客層、人の流れの緻密なリサーチが明暗を分ける。

駅から遠いことは、やり方次第でメリットに変わる

中《ちゅう》華《か》そば しば田《た》

東京都調布市

店主 柴田 貴史

お店を見つけるまでのワクワク感が記憶に残る

［中華そば しば田］は、京王線仙川駅から徒歩で12〜15分くらいかかる場所にあります。

周辺には寿司屋、バー、中華料理屋などはありますが、入ってみたいラーメン屋さんはありませんでした。この街に住んでみて、うまいこだわりのラーメン屋さんがあれば、ラーメン好きの自分なら絶対に通うだろうと思ったのが、この立地を選んだ理由です。

駅から遠くてわかりにくくても、ラーメン好きの方は、携帯サイトやラーメン本などを見て探して来てくださいます。

ポイント

歩いてお店を見つけるまでのワクワク感は、一つの体験として記憶に刻み込まれる。だから、ラーメンの

PROFILE【しばた たかし】
クラブの音響関係の仕事をしていたが、恋人と結婚するため親に挨拶に行くも認めてもらえず、24歳で、親を安心させて自分も好きで長く続けられると思ったラーメン業界に飛び込む。3店舗で修業後、31歳で独立開業。初日から盛況でラーメンブロガーの間で話題に。東京ラーメン・オブ・ザ・イヤーのラーメン賞の新人大賞を獲得。平日でも30人以上が並ぶ行列店となる。親に認めてもらい結婚もした。

味、店の雰囲気も含めてすべての体験がセットになり、お客様の記憶に残るのです。

駅から近くて人通りの多い立地は集客を期待できますが、それだけに強力な競合店が出てくる可能性があります。

少し駅から離れた立地なら、競合店の心配をせずにすみ、お店の魅力をしっかり伝えられれば、お客様の心をつかみ、繁盛店になることができるんです。

家賃が安い分、食材にお金をかけられる

ただ、駅から遠いことはデメリットであることは確かで、夏の暑い日は、やはり売上げが落ちる傾向にあります。おそらくほかのラーメン屋さんよりも、夏場の落ち込みは激しいと思います。

駅からの距離は徒歩10分が一つの目安で、10分を超えると「駅から遠い」と感じるようです。駅から15分の立地で成功するには、「15分歩いてでも行きたい」と思ってもらえる魅力が必要です。

ウチの流儀

また、駅から離れた立地だと、家賃が安いというメリットがあります。家賃が安ければその分、ラーメンの食材にお金をかけることができます。

ウチは、かなりこだわったラーメンを提供しているので、どうしても原価がかかるのですが、家賃分を食材原価に転嫁できるため、自分がこだわったラーメンを作り続けられます。

今は1日平均150人くらいのお客様に来ていただいていますが、半分は地域の常連客で、あとの半分はわざわざ遠くから来てくれる人たち。駅から歩いて来てくださる方も多いですが、他県のナンバーの車が多いのも特徴です。

ウチは普通の住宅街にあるので、こういう場所に行列ができると地域の方はとてもビックリして、「何でこんなところに行列ができるの？」、「ここは何屋なの？」というふうに話題になります。

客をつかむ

それが口コミになり、どんどん広がっていくという良さもあります。

駅前で行列のできるラーメン屋さんは結構、当たり前にありますが、こういう辺鄙な立地で行列ができると、異彩を放てるのでそこは大きなアドバンテージになると思います。それを広告効果として狙うのであれば、こういう立地は有効です。

最寄り駅から徒歩 10 分以上の立地にある東京の名店

キノキノの目線

繁盛店の店主の方々からよく耳にする言葉は、「ラーメン屋は立地がすべてではない」ということ。食材にこだわり、そこでしか食べられない味を提供することで、地元の人たちに愛されている店も多いのです。

メイン通りから一本入った路地裏立地で勝負

らぁ麺《めん》 すぎ本《もと》

東京都中野区

店主 杉本 康介

店を目がけて来てくれるお客様が増える

人通りが少ない裏路地に、「らぁ麺 すぎ本」はあります。駅前のメインストリートは人通りが多く、来客を促しやすいと思いますが、駅前や繁華街にある店だと、「あっ。ラーメン屋がある」という通りすがりの軽い感じで入って来る人や、飲んだあとに「ラーメンでも食っていくか」という人が多くなってしまうと思います。

もちろん来てもらえるのはありがたいですが、ウチは一杯一杯真剣に作っているので、できればお客様にも、自分の作ったラーメンを真剣に味わって食べてほしいという想いがあります。

信念

「あのラーメン屋はおいしいらしいよ」というふうに、純粋においしい一杯を食べたいと思って来てもらえる店にした

PROFILE【すぎもと こうすけ】
20代から30代初めまで、カラオケ店やドーナツショップで働く。その間にラーメンを食べ歩き、自分でラーメンを作りたいという気持ちが強くなる。32歳のとき、自分で「日本一」だと思った［支那そばや本店］の佐野実氏の門を叩く。4年後の36歳で独立開業。味に高い評価を受け、メディアにも多く取り上げられて行列店に。限定メニューはほとんどやらず、基本メニューを追求して日々味の向上に励む。

かったので、メインストリートから一本入った路地裏をわざと選びました。

ぜんぜん目立たない立地ですが、今ではウチの店を目がけて来てくださる方や、お店の前の行列を見て、「このラーメン屋はおいしいのかな？」という感じで来てくれる方が増えています。

10席のカウンターの店で、平均すると1日100人以上のお客様に来てもらえています。

家賃が安いことが、いろいろなメリットを生む

もちろん、路地裏立地は目立たないので、リスクもありギャンブル性が強くなりますが、目立つ駅前などの立地だと家賃が高いです。家賃は毎月の固定費になり、負担は大きくなります。

たとえば、2月は28日しかなくても同じ家賃を払うことになり、また、1年間で考えるとかなりの金額になります。

さらに一等立地の場合は、家賃分をペイするために集客数を多くしなくてはならず、必然的にお店のオペレーションを回すための人

一本入った裏路地で営業し、長く繁盛を続ける実力店

手も必要となり、人件費も高くなります。しかも、家賃が高くなると、食材などほかの部分にお金を使えなくなるなど、ラーメン店を経営するうえで、不利な部分も多くなるのです。

ウチの流儀

しかし逆に、路地裏立地であれば家賃が安いので、一人で経営していくには十分やっていけるし、食材にもしっかりお金をかけておいしいラーメンを作れます。

利益も残していける可能性が高くなるので、家賃が安いのは相当大きなアドバンテージになります。

だから、自分のラーメンに自信があれば、駅前や繁華街の一等立地ではなく、メイン通りから一本入った裏路地の安い物件を選ぶことも、繁盛店を長く続けていく重要な要素だと思います。

キノキノの目線

［すぎ本］さんは裏路地で目立たない場所にありますが、それを目がけて来てくださるファン客がたくさんいます。それは、家賃分を食材原価にかけて、クオリティの高いラーメンを提供し続けているからでしょう。

物件周辺を1週間昼夜張り込んで、人通りなどを調査

くじら食堂《しょくどう》

東京都小金井市

店主　下村 浩介

立地選びに欠かせない3つのポイント

立地を選ぶ際は、①周りにラーメン屋さんが少ないこと、②人通りがしっかりあること、③ターゲットとなるお客様がいるエリアであることの3つを意識して、事前に調べておくことが大切です。

1つ目の、ラーメン屋さんがあまりない場所を選ぶことは、とても重要です。競合店が多いところに出店しても、ラーメンを食べるお客様のパイはそのエリアには一定数しかありません。

勝負のコツ

だから、ラーメン屋さんが少ない立地を選ぶことが、繁盛させるための第一のポイントだと思います。

2つ目は、店の前に人通りがあるかどうかです。

PROFILE【しもむら こうすけ】
食肉卸会社に勤めていたとき、ラーメン店への卸を行っており、ラーメン業界に興味を持つ。初期投資も安いことから、退職してラーメン屋を開業しようと決意し、[麺や七彩]にて修業。3年後に独立開業。味のブレをなくすため、オープン当時から1日40ℓしかスープは炊かないと決める。夜だけの営業にもかかわらず、毎日150人ほどが来店し、毎日のようにスープが売り切れる繁盛店となる。

調査1 **決める前に1週間ほど昼夜通して張り込んで、どんな時間帯にどのような人通りがあるかをあらかじめ調査することが重要です。**

[くじら食堂]は駅から少し離れていて、ちょっと路地に入ったところにありますが、1週間張り込んで調査した結果、店の前の道路は、夜、帰宅する人が使う道だったのです。

昼間歩いている人の数に対して夜歩いている人の数は、4倍くらい多いことがわかりました。

この辺りはベッドタウンですが、人口の割に飲食店の数が少なすぎるので、ここにおいしいラーメン屋さんがあれば絶対に流行るということを、最初からイメージすることができました。

そういう立地なので、ウチは、夕方6時〜深夜1時までの営業にしており、帰宅するお客様の需要を取り込むことができています。

ターゲットに合わせた価格とメニューを考える

3つ目は、ターゲットとなる客層がいるエリアかどうかを確認し、その客層に対応する商品を作ることです。

調査2 **事前に人口調査表も調べてみると、単身者が多く住んでいるエリアだとわかりました。単身者の人、とくに男性は自炊するよりは外に食べに行く確率が高く、外食の需要が期待できたのです。**

そこで、男性単身者をメインターゲットにし、客単価を670円に設定、安い割にお腹がいっぱいになるメニュー構成を考えました。狙いどおり、女性よりも男性のお客様のほうが多く、9割以上が男性。カップルの方もいますが、男性が女性を連れて来るというパターンです。立地の客層を見極め、メインターゲットを男性に設定したことは間違っていなかったと思います。

1週間の張り込み調査を経て決めた物件で行列店に

キンキンの目線

やはり、競争率の低い場所で、お店の前を通る人が多いというのはラーメン屋さんだけでなく、どんなお店をやるにも重要な要素になります。

自分のラーメンとマッチした物件を見極める

時屋《ときや》

大阪府大阪市

店主　久保 時也

1週間の張り込み調査で、店周辺の人の流れを読む

物件を選ぶ際は、実際に現地に行って1週間程度張り込み調査をすることが大事です。［時屋］をオープンする前は、50店舗ほど見に行き、その場の空気感、そこにいる人の年齢層、通行人の歩くルートなどを調べてから決めました。

調査　**そして、さらに1週間張り込んで、平日、土・日曜、昼、夜のそれぞれの人の流れを意識して見ました。**

ウチの物件は周りがビジネス街で、専門学校もあり、ちょっと行ったところにはベッドタウンが広がっていて、お弁当屋さんに囲まれている環境だったのです。そのとき目にしたのは、昼どきに、

昼夜の人の流れを1週間調べ、集客環境を確信した

お弁当屋さんの前が人であふれかえっている状況でした。
それを見て、1週間のうちにたまには「弁当ではなく、ラーメンを食べたい」って思うだろうと考えました。

客をつかむ

そのおこぼれだけでも来てもらえれば、結構なお客様を取り込めるだろうと始めてみると、予想どおり、行列してもらえるラーメン屋さんになれたのです。

だから、まず現場に行って張り込み調査をすることは、絶対にしたほうがいいと思います。

勝負するラーメンを軸に物件選びを考える

ビジネス街では、昼はよっぽどひどいラーメンでなければ、お客様に来てもらえるでしょうが、さらに周辺にベッドタウンがあれば、夜も来てもらえるので、その両方の視点が重要です。
つまり、昼の集客と夜の集客のどちらも大切になります。「ビジネス街だから昼は流行るけど、夜がちょっと……」というレベルだと、

PROFILE【くぼ ときや】
24歳のとき、ワーキングホリデーで行ったニュージーランドでアルバイトをした[Mentatz(麺達)]が縁となり、ラーメン業界に入る。自分の店を持ちたいと思い始め、帰国後、大手居酒屋チェーン、鶏創作料理店、運送業のドライバーなどをしながら自己資金を貯め、29歳で独立開業。原価率38%のこだわりのラーメンがお客様からウケて、1日300人を超える繁盛店に。オンラインショップも立ち上げた。

長くは続かないです。

ポイント
昼はサラリーマンでいっぱいになり、夜は家族連れやカップルなどのお客様が来てくれるという環境が、一番いい物件の選び方だと思います。人の流れ、客層、時間帯による変化をしっかり見て、物件を決めることが大切です。

ただ、どんなラーメンで勝負するかによって、物件の選び方は変わります。たとえば、あっさりしたラーメンは幅広い層に食べてもらえますが、ウチのようなジャンキーなラーメンだと、若い層が多いエリアを選ぶのが重要です。

有名店が2号店を出す場合は、店名が認知されているので、立地に大きく左右されるケースは少ないと思いますが、一店舗目を出す場合は、入念に調査したほうがいいでしょうね。

キンキンの目線

「ここはイケそう」という雰囲気だけで物件を決めるのは危険です。自分のラーメンの特徴とエリアとの相性を前提として、人の流れ、客層、ビジネス街、ベッドタウン、学生街など、ポイントを絞っての調査が必要です。

一極集中の店舗展開が集客成功のカギになる

中華《ちゅうか》そば　ムタヒロ

東京都国分寺市

店主　牟田　伸吾

1週間の外食をすべてムタヒロで埋め尽くす

「ムタヒロ」は国分寺という一つの駅に集中して店舗展開し続けています。外食がメインのお客様は、1週間のほとんどを外食するわけなので、ウチに1週間に1回来てくれているのであれば、それを「週2回、3回にしたい」と思ったのです。

独自の方法

だから、エリアを拡大せず、各店を国分寺駅から近い場所に出店するドミナント戦略を取っています。

近いエリアに同じ店があると客が分散すると思うかもしれませんが、ウチの場合は、各店舗でそれぞれラーメンの味が違うので、確率論的にお客様が来てくださる回数が増えるんです。大好きな店の系列で、近

PROFILE【むた しんご】
サラリーマンとして営業の仕事をしていたとき、ラーメンが好きになり、ラーメンの世界に。[ラーメン凪]、[我武者羅]で修業。最初は独立する気はなかったが、昔からの友人と「一緒に何か商売しよう」という話になり、独立して開業。国分寺に有名なラーメン屋がなかったことから、国分寺を中心に店舗を展開して成功。5年で10店舗を目指すという目標をもとに、大阪にも店舗展開を始めた。

場で違う味でやっている店舗があれば、お金を払って食べる側からしても、一つの楽しみになります。

店舗が近隣にあって、同じ[ムタヒロ]でも味が違えば、選択肢として「今日はあっさりを食べよう」とか「今日はこってりを食べよう」という感じで、1週間を[ムタヒロ]で埋めることができます。

実際、地域の人が店をぐるぐる回って、「おれは味噌派だ」、「おれは鶏そば派」というふうに、Twitterなどでも話題にしてもらえています。

お客様が楽しめる〝ストーリー〟を考えて実行する

店によって味とコンセプトが違うのはもちろんですが、ポイントカードは全店共通で使えるようにしています。また、当たりつきの丼鉢を作って、それが出たらVIPステッカーをプレゼントし、その提示で特典が受けられるなど、いろいろなサービスを提供しています。これは各店舗が近いからこそできるサービスなんです。

しかも、丼鉢に一度当たりが出ると、トッピングを永久に無料にしています。それについての店側の負担は一切考えません。

メニューのラインナップの充実度も群を抜く存在

戦略
100人がVIPステッカーを持っていて、その使用でトッピング分の原価が1〜2%上がったとしても、店に足を運んでくれる回数が増えるのであれば、戦略としてアリです。

ポイントカードは店同士が近いのですぐに貯まり、リピート率アップにつながっています。しかも、10杯食べたら1杯無料というシステムにしています。たとえば、30や50ポイント(杯)だと先が長過ぎて、「貯めるために、あと何回店に行かなきゃいけないんだ!?」となるため、それを避けているのです。

客観的にお客様の立場になって考えたとき、いかに楽しんでもらえるかが重要です。それをうまくやっていくには、特定地域内に集中して出店し、認知度も来店回数もアップさせるドミナント戦略が有効なのです。つまり、一番大切なのは、お客様を楽しませるための一貫性とストーリー性を集客の工夫と店舗展開に持たせることです。

キノキノの目線
近隣に出店して味の違うラーメンを打ち出すことで、トータルで見るとお客様の来店回数が増えるのは理に適っていますね。

自宅の1階を店舗にして、家賃分を原価にかける

麺《めん》や而今《じこん》

大阪府大東市

店主　島田　英治

自分が納得するラーメンを作る環境を整える

［麺や而今］は、住宅ローンで購入した自宅1階を店舗にしています。こうすると店舗の家賃がかからず、その分のコストを材料費に回せます。

自分の作りたいラーメンを思いっきり作れるこの環境が、1日300人を超えるお客様が来てくださる店の軸になっています。

通常であれば、自分の住む家があって、それにプラスしてお店が必要になるので、家賃が二重にかかります。

勝負のコツ

しかし、自宅の1階を改装して店舗にすると、店の家賃コストを食材原価にかけられるし、試作や新メニューの開発などの冒険もできます。自分の目指すラーメンは原価

自宅ビルの1階を店舗とし、原価をかけやすい環境に

の高いラーメンだったので、なおさらでした。

もちろん駅前で人通りが多い立地もいいかもしれませんが、家賃が高くなってしまうと、その分原価はどうしても抑えなければなりません。そうなると、自分の「これだ！」と思うラーメンをお客様に提供するのは、難しい部分も出てくると思います。

食材原価にこだわり100倍以上の集客に成功

今の時代は、おいしいラーメンは当たり前なので、やはり原価をかけた商品でないと、感動してもらうことはできないのです。食材の原価を上げれば、そうでないものより、おいしいラーメンを作れます。

お客様に「うまい！」と思ってもらえ、その結果、繁盛するラーメン屋さんになれるのでしょう。

ウチは駅から歩いて10分くらいかかるうえに、「こんなところにラーメン屋があるの？」というような目立たない住宅地にあります。けっしていい立地ではなく、人通りもほとんどないので、最初の頃

PROFILE【しまだ えいじ】
大阪・ミナミの割烹料亭で長年働く。41歳で独立し、[鶏料理 華昌]を開くが、1日の客が1人の日もあった。3カ月で軌道にのり、2周年を迎える頃、ラーメンに魅力を感じ始める。「自分が作ったラーメンに感動できるかどうか」という想いから味作りを始め、ラーメンの奥深さにのめり込み、追求した結果、大阪で「食べログ」ラーメン部門1位となり、住宅街の立地ながら1日300人以上が来店。3店舗を展開中。

は1日2人や3人という時期もありました。

売上げアップ

でも、いい食材をしっかり使って、原価をかけて自分の納得できるラーメンを提供し続けたことで、今はオープン当初の100倍以上のお客様に毎日来ていただいています。

だから、繁盛ラーメン店になるには、自分のイメージするラーメンを作るための食材に、原価をかけられる物件で商売をすることが重要だと思います。

キノキノの目線

「食材原価をかけるのは、おいしいラーメンを作る必須条件」と多くのラーメン店主様が言われ、今は40%を超える原価率の店もあるほどです。それを実現するため、家賃分を削って、思いっきり食材のコストに使うという選択肢も有効でしょう。

大手外食チェーン店の出店エリアは成功確率が高い

ふく流《りゅう》らーめん 轍《わだち》

大阪府大阪市

店主 福山 修司

流行っているチェーン店の調査力に着目

繁盛店にするための一番いい立地選びは、成功して流行っているフランチャイズの外食チェーン店がある近所に出店することです。なぜなら、そういう企業は完璧な立地調査をしたうえで店舗を出しているので、自分たちがわざわざお金をかけて調査する必要がなく、経費・手間・時間を節約できます。

秘訣 **つまり、結果を出している企業がうまくいくと判断したエリアに自分も簡単に出店できるので、成功確率が非常に高くなるということです。**

ウチは、「鳥貴族」さんが出店している近隣に出したことで、カウ

PROFILE【ふくやま しゅうじ】
30歳までクラブのDJとして働く。「何かをしないと」という焦りを感じ始めた頃、ラーメンに興味を持つ。よく食べに行っていた[JUNK STORY]で社員として働き始め、1年で店長に昇格。33歳で独立開業。「オリジナリティと商品力が一番重要」という信念を持ち、エスプーマを使った鶏白湯を考案。オープン初日から1日150人を超える繁盛店となる。柔軟な発想により、多様な製法や食材を模索し続ける。

ンター12席で1日平均150〜160人くらいのお客様が、毎日コンスタントに来てくれています。ほかにも、［マクドナルド］さんは〝不動産業〟と言われていて、確実に良い立地に出店しています。このような大手チェーン店がある立地に出店すれば、繁盛店になる可能性は格段に高くなると思います。

別ジャンルの外食チェーン店の立地に出店しても、ラーメンがうまく当てはまるかどうかは、疑問だと思うかもしれません。しかし、ラーメンという業態は、子どもからお年寄りまで幅広い層が食べるジャンルです。そのため、店舗が目に留まる回数をいかに増やすかが重要です。

それが、お店に入ってもらえる機会を増やすことにつながります。だから、立地調査を完璧にしているチェーン店が出店している近隣に出すのが、非常に効率のよい立地選びだと思います。

キノギノの目線

ラーメン店は、どういう立地が成功するかを論理的に説明するのが難しいと言われます。何を頼りに立地を選定すればいいかわからないとき、［ふく流らーめん 轍］さんの方法は一つの視点になるでしょう。

column

不振店の再生、新規開業に役立つ
キンキンラーメン道のワンポイント・ノウハウ

立地と周辺環境の掟

地元に根ざしたローカル店もいい

「こんなところにラーメン屋があるの?」という環境でも、食材にこだわり、その店でしか食べられない一杯を提供すれば、繁盛するケースは多い。地域特性の見極めと独自の商品作りがポイント。

地域特性を徹底的に調査

既存店も新規店も、エリア環境を調査することが重要。とくに、不振店を再生するときは、店周辺の人の流れや客層、競合店の特徴を今一度見つめ直し、それに応じた商品やメニューにリニューアルする。

昼と夜、両方のリサーチを行う

店周辺のニーズを調査する際は、1週間は張り込み、人の流れを見る。平日と週末の日中に加え、夜の人の流れもよく見ることがポイント。昼と夜の両方の集客がうまくいってこそ、繁盛店になれる。

エリアの客層に合う商品を

ほかの店と違うラーメンやメニューで独自性を出そうとしても、ひとりよがりになってしまうと支持されない。やはり、店周辺のお客様のニーズをしっかり把握して、商品構成を考えることが大事。

ドミナント戦略で店舗展開

店舗展開の際、一極集中で同じエリアに別の味で出店することで、来店回数を増やせる。共通ポイントカードが使えるなど、お客様のメリットもアップ。店舗が近いので、スタッフのヘルプもスムーズに。

店舗の家賃を抑える工夫

毎月のコストで、店の家賃は大きな割合を占めがち。そこで、駅前などの一等地ではなく、表通りの路地裏や住宅街に店を構えるのも一案。家賃を抑えた分を食材費に当てられ、味をより追求できる。

第4章

集客&リピート率アップのツボ

飲食業、とくにラーメン屋さんにとって、集客は命。一度来てくれた人をリピーターにすることが、安定経営の大きな支えになる。集客のポイント、オペレーションの秘訣、リピート率を上げるコツなどを、繁盛店の店主たちが惜しげもなく披露する。

着席から着丼までのスピードが店の生命線

風雲児《ふううんじ》

東京都渋谷区

店主　三宅　重行

初回客をリピーターにするかどうかが勝負

ラーメン屋を開業しても店をつぶしてしまう大きな理由の一つは、リピートするお客様を増やせないことです。

オープン時は目新しさや話題性があるので、お客様を一番集客できるチャンスになります。最近は、SNSやインターネットでの情報発信が一般的なので、それで一気に口コミが広がり、オープン時は集客にそれほど苦労しない店も多いでしょう。

勝負のコツ　**そのチャンスが誰にでもあるのに、つぶれてしまうお店があるのは、1回目に来たお客様を固定客化できないからです。**

PROFILE【みやけ しげゆき】
イタリアン、フレンチ、ホテルマンを経てラーメン業界へ転身。修業をせず自分の料理哲学をもとに独自のラーメンを作り、かえしダレを試作の一発で作って店をオープンするという奇才。15席で1日600人以上が来店する行列が途切れないラーメン店となり、「食べログ」の口コミ数は総合10本の指に入る。オペレーションのすごさと華麗な手さばきは、他のラーメン屋の店主も絶賛するほど。

よくあるケースとして、オープン時に行列ができたとします。並んだお客様はどんなラーメンなのかと期待してワクワクしながら、お店の中に入るまで30分、1時間、もしくはそれ以上待つこともあります。店の前で待っている間は、「どんなラーメンが出てくるのだろう？ 早く食べたい！」というワクワク感から、「待つ」という行為に対してそれほどストレスを感じることもないのですが、お店に入ってからはまったく違います。

お客様が席に着いたら、待たせてはいけない

着席後、ラーメンを出す時間が長くなればなるほど、お客様はどんどんストレスを感じ、不満につながってしまいます。たとえば、ウェイティングルームで待っていてもストレスを感じることはあまりないと思いますが、席に通されて料理が出てくるまでの時間が長いと、「おいおい何分待たせるんだ。遅いじゃないか！」という気持ちになります。

お客様を店の中に通した瞬間から、お客様の心のストレスとなるタイムウォッチがカチカチと鳴り始めます。

行列が絶えない店だが、さほど待たせずに着丼する

ポイント

料理を提供するスピードが遅いと、いくらおいしいラーメンを出したとしても、不満を感じたお客様はもう二度と足を運んでくれないのです。

ウチの店では、着席前に注文を確認し、着席後1分以内にラーメンを出しています。とくに、お昼の休憩時間が限られているサラリーマンやＯＬの方などが多いエリアでラーメン屋をやる場合は、料理を提供するまでの時間を意識したオペレーションや厨房設計にすることが、つぶれない店を作るポイントです。

キンキンの目線

「風雲児」さんは、味はもちろん、オペレーション、接客、内装などすべてが話題となる店です。その総合力が、行列が途切れない集客につながっているのでしょう。

リピート率アップは限定ラーメンにローンチをかける

らーめんstyle《スタイル》 JUNK《ジャンク》 STORY《ストーリー》

大阪府大阪市

店主　井川 真宏

「行かないと!」と思わせる限定の味を提供

ウチでは、限定ラーメンがリピートにつながる一つの要素になっており、それで特に好評を得ているのが2号店の「麺と心7」です。

ウチの得意技

月ごとにテーマを設けた限定ラーメンを提供しながら、さらに、次の月は何をやるのかを告知することで、「来月また来よう」というリピートのお客様を増やしています。

たとえば、8月は海老ラーメン、9月はウニラーメンというように次の月まで告知して、お客様の頭にインプットしていくことが大切です。テレビドラマの次回予告のように翌週の内容で良いところ

定番の塩ラーメンのほか、限定の味を続々打ち出す

をチラチラ見せられると、「次回も見たい」となるような感じです。ラーメン屋でも、次の限定の味も食べたいから、「行きたい！」と思ってもらえるようにしています。

そのため、限定ラーメンは半年後までの計画を立てるのがよいと思います。もし、「来月はどんなラーメンにしよう……」という状況になってしまうと、翌月の告知ができません。

しかし、半年スパンくらいでスケジュールを立てておけば、翌月の告知ができます。そうすると、お客様にも理解してもらいやすく、こちらも準備しやすいというメリットがでます。

毎年その時期だけのメニューも持つ

実際の作り込みは前の月にやるとして、テーマだけを半年前から決め、使う材料を決めて、塩にするか醤油にするか、ラーメンにするかつけ麺にするかを季節によって決めます。夏だったら冷たいメニュー、冬は味噌を使ったメニューなどというふうに、各時期のニーズを考慮して構成を考えることも重要です。1号店の「JUNK STORY」でも、冷やし塩ラーメンという夏だけの限定ラーメンが

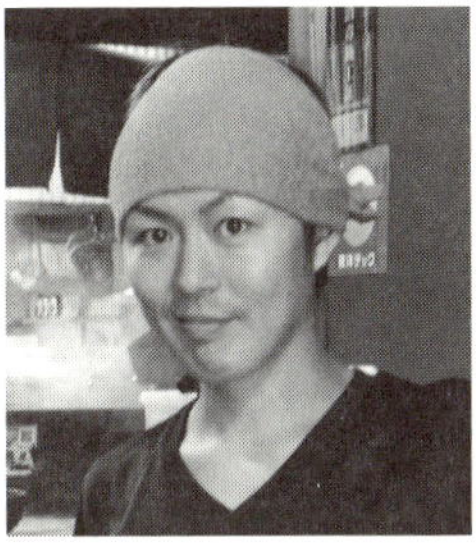

PROFILE【いがわ まさひろ】
大学時代にラーメン屋のアルバイトに興味が向き、中退。2年の勤務と独学により、23歳で京都で自分の店を持つが、2年でつぶし、数百万円の借金を抱える。大阪の有名ラーメン店[きんせい]の中村店主に世話になり再起。1年半ほど店長として修業し、その後[JUNK STORY]を開業。好きな塩ラーメンで勝負するも、客足が落ち込む。運良く、期間限定の冷やし塩ラーメンがテレビに出て、繁盛店に。5店舗とセントラルキッチンを展開中。

あり、5月の暑くなる頃から9月初旬頃まで提供しています。

客をつかむ

毎年同じ時期に出すメニューを1個持っているだけで、その味のファンになってくれるお客様ができるので、毎年のリピーターのお客様も増えるようになります。

ウチも、「冷やし塩ラーメンはまだ？」と多くの方から言ってもらえるようになったので、夏になったら絶対にある「冷やし中華」のような限定メニューを作ることも、ファン作りには有効だと実感しています。

毎月のリピーターを作るのはとても大切ですが、1年に1回リピートしてくださる方も、大切なお客様です。そういうお客様を増やせるように、月替わりの限定ラーメンや特定の時期だけのラーメンを展開することも、リピート率アップには効果的です。

キンキンの目線

限定ラーメンの提供には、しっかりとスケジュールを立て、お客様のニーズに合わせて効果的に伝わるような仕掛けをしていくことが大事ですね。

夜の集客は電球の明るさが決め手になる

日《ひ》の出《で》らーめん

神奈川県横浜市

店主　花澤　昭彦

その街で一番目立つ店作りがお客様を呼ぶ

店舗の外観は目立ったもの勝ちです。「日の出らーめん」は、街で一番目立つラーメン屋さんになることを考えて外観を作っています。虫も、動物も、人間も、生き物には明るいところに集まるという習性があるので、夜の営業では、ライトの明るさも集客アップにつながる重要な要素となります。

ウチの鉄則

今はLEDが主流になっていますが、ウチは基本的に、外には100ワット以上の電球を何本かぶら下げて、お客様がちょっと眩しいと感じるくらいの明るさにしています。

ライトの明るさが弱かったり、電球のつけ忘れがあったり、外観

PROFILE【はなざわ あきひこ】
トラック運転手などを経て、35歳でラーメンFC加盟で開業するが、契約トラブルなどがあり1年弱で閉店。その後、チェーン店[むつみ屋]に看板を変えて再オープンし、月商600万円となるも、[むつみ屋]ブームが去り店舗展開を断念。[日の出らーめん]の味につながる試行錯誤と味の改良を繰り返し、神奈川県でいち早くつけ麺を出してブレイク。直営店7店舗、開業支援先が全国20店舗以上。

が暗いと、確実に集客数が落ちてしまいます。ウチでは、以前あえて何日間か明るい電球をつけずに営業し、集客数を検証したことがあるのですが、つけない場合はつけたときに比べて、10%程度来客数が減りました。

遠くから歩いてくる人にとって、前方に明るいモノがぶら下がっていると、「あれは飲食店かな？」、「あそこに飲食店があるぞ！」とあらかじめ店を認知できるので、お腹が空いて何か食べたい方やラーメンを食べようと思っている方の来店を促すことができるのです。

看板では店名ではなく、商品をアピールする

ウチの看板のポイントは、店名を入れてないことです。とくに、店の前を通る人に見える両サイドの看板には、どんな商品を提供しているかが瞬時にわかるように、商品名や写真を大きく打ち出しています。なぜなら、お客様にとって、店名はどうでもいいからです。

勝負のコツ

全国的な有名店ならともかく、地域密着で知名度があまりない場合は、どんなラーメンが食べられるの

ラーメン屋だとすぐわかる目立つ外観で客を呼び込む

かをしっかり伝えることが、お客様に選んでもらう秘訣になります。

ウチは創業して10年以上になりますが、いまだにお店の名前を知らないお客様が結構おられます。その代わり、一番人気の「剛つけ麺」という主力商品は覚えられており、「『剛つけ』さん」というふうに、店を商品の愛称で呼んでもらっています。

だから、近所の方に「日の出らーめん」がどこにあるかを聞いてもわからないケースはありますが、「剛つけ麺」の名前で聞くと、知っている方がとても多いのです。

つまり、店名ではなくて、どんな商品かをお客様にわかってもらえる看板にすることも、店を覚えてもらえ、来客を促すための重要なポイントだと思います。

キンキンの目線

その街で一番目立つことも、繁盛するための重要ポイント。とくに夜、集客が落ち込む場合は電球のワット数を上げたり、電球の数を増やして目立たせるだけでも、集客数アップにつながるでしょう。

ラーメン
ラーメン
ラーメン

売切れを出さないことがリピート客を呼ぶ

地球《ほし》の中華《ちゅうか》そば

神奈川県横浜市

店主　樋上正径

全メニューがつねにある仕込みを心がける

いかに売切れを出さずに仕込みをして営業できるかということが、リピートのお客様を作るうえで重要です。

売切れという部分に価値を見出す人もいるかもしれませんが、逆に、ウチでは、とにかく絶対に売切れを出さないように計算して仕込みの量を考え、いつお客様が来ても、開いているラーメン屋を心がけています。

信念

メニューは5種類ありますが、そのすべてがつねにある状態にしています。これが、リピーターの方々が多く来てくださっている一番のポイントだと思います。

PROFILE【ひがみ まさみち】

大学時代、[一風堂][麺の坊 砦]でアルバイトし、ラーメン好きに。卒業後、会社員生活を4年するが、自分に合わず、ラーメンの道に戻る。28歳で修業を始め、35歳で独立開業。独立前にラーメン博物館[麺の坊 砦]の店長をしており、開業前からメディアに取り上げられ、ラーメンブロガーの口コミが広がり、オープン初日は140人が来店。2015年にTRY新人大賞を獲得し、右肩上がりの売上げが続く。

売切れのあるラーメン屋さんは、お客様からすると、「なかなか食べることができない人気店だ」と思って食べに行く、という特別感はあるかもしれません。

でも、食べに来てくれたお客様にとって、売切れで店が閉まっていたり、スープがなくなって食べることができないという状況になってしまうと、「行っても、売切れているのでは」というイメージがつき、リピーターになりづらい面もあります。

いつ行っても、つねに全メニューを食べられることを意識した仕込みや営業をすることが重要だと思います。

キノキノの目線

いつ行っても開いているイメージをお客様に持ってもらえれば、外食時の選択肢として候補に選ばれる可能性は高くなります。そう考えると、つねに売切れを出さないことは、リピート客作りのアドバンテージになるでしょう。

お客様レシピを作り、お店のファンを増やす

麺《めん》屋《や》 翔《しょう》

東京都新宿区

店主 大橋 望

心をつかむことがリピーター作りの秘訣

1カ月に占める売上げの割合には「2対8の法則」というのがあり、8割の売上げは常連のお客様で作られるんです。でも、1カ月に来るお客様のうち8割は一見さんであり、2割が常連さんなので、売上げと1カ月に来るお客様の比率は逆転するという構造が生まれます。

鉄則

ウチも同じような数字になるので、常連さんを大事にしなければ、お店は絶対に繁盛しないということは明らかです。

だから、常連さんにいかに店のファンになってもらうかが大事で、そのためにはお客様の心をつかまなければならないのです。

そのためにしていることは、たとえば、お客様の誕生日をさりげ

PROFILE【おおはし のぞみ】
北海道から上京し、姉が経営するラーメン屋を手伝い始める。4年後の29歳のとき独立開業。鳴かず飛ばずの状況が続き、仕入れの麺屋さんの紹介で「愛の貧乏脱出大作戦」というテレビ番組に出演。麺屋こうじグループの田代氏から3週間教えを受け、味作りから人間的な基本までをたたきこまれ、考え方やマインドがガラリと変わる。味作りは[麺処 ほん田]の本田店主に指導を仰ぎ、それをベースに独自の味を考案。1日200人を超える繁盛ラーメン店となる。

なく調べておいてプレゼントをこっそり用意したり、お客様が食べに行って「おいしい」と言っていた店に、話を聞いたその日のうちに食べに行き、それをブログに書いたりしています。

ウチの流儀

こういうことは1週間後や1カ月後ではダメで、お客様の心をつかむにはスピードが命です。

なので、スタッフに「悪い！ 今日の夜は遅れるけど、回しておいてくれ」ということで、お客様から聞いた店に実際に自分で足を運んで、それをブログにアップします。

期待値を超えるサプライズを探して実行する

想像を超えたサプライズがないと、感動させるのは難しいので、お客様の期待値を超えること、考えている以上のことを探して実行に移すことが、ファンになってもらえる一番の近道です。自分がやってもらってうれしいこと、自分だったらファンになることを実行していけば、お客様にも、かわいがってもらえるようになります。

一度傾いた店を味の改良と集客努力で繁盛店にした

ポイント **これの何がいいかと言うと、ほとんどお金をかけずにできるところです。自分が「やるかやらないか」だけのことで、やる決意と行動力があれば、誰にでもできるリピート客作りの方法です。**

これを続けることで、いろいろな経験ができるので、何をやればお客様が感動してファンになってくれるかの答えが出るようになり、自分の自信にもつながります。

だから耳をダンボにして、お客様の声を聞いて、それに真摯に向き合うことに尽きると思います。

例を挙げると、女性の常連さんで結婚されたお客様がおり、その方は、以前は旦那さんともよく来てくれていたのですが、仕事が忙しくて一緒に来店する機会がなくなっていました。あるとき、「来週の土曜日は旦那と来ますね」とおっしゃったので、すかさず裏に行ってカレンダーに予定を書いておき、プレゼントを用意し、土曜日に二人で来てくれたときに渡しました。

手間ひまかけた香菜鶏ダシと鶏白湯の2つの味を提供

常連さんを知って記憶する「お客様レシピ」を作る

僕はすぐ忘れてしまうので、気づかないふりをして記憶するために日々ノートをつけています。

秘訣 **ラーメンのレシピも大事ですが、お客様の名前、誕生日、イベントなどをメモって「お客様レシピ」を作ることも大切なのです。**

だから、スタッフたちには「ラーメンの味作りのレシピはすぐに渡すよ」と言っています。なぜなら、それは最初の一歩だから。お客様を知ること、お客様の心をつかむことこそが、商売を繁盛させるために一番大事なことなのです。

キノキノの目線

この方法は決意と行動力があればできることですが、じつは誰にでもできる訳ではないことが強みとなり、それがお客様にも伝わって、お店のファンが増えているのでしょう。

ラーメン屋だとわかる看板を設置して告知を

鶏喰《とりっく》～TRICK～

神奈川県横浜市

店主　西垣　昇

「いつできるの？」という期待感を！

［鶏喰］をオープンしたのは2012年の11月ですが、最初から集客にはまったく困らず、オープン初日から100人くらいのお客様に来ていただきました。

しかも、最初に来てくださって気に入ってくれたお客様はリピーターになってくれ、今も10席で1日150～160人に来てもらえています。

客をつかむ

その理由は、物件を借りたとき、すぐに看板を取りつけていたことです。

物件を2012年8月に借りてから2カ月間は、店舗でラーメン

PROFILE【にしがき のぼる】
料理の専門学校を卒業後、5年ほどイタリアンで働く。その後、接客業をやりたいと思い、シルバーアクセサリー店の店員、横浜中華街でのシュウマイ販売などを行う。そこで、串シュウマイという商品がヒットし、その資金をもとに36歳でラーメン屋を開業。修業経験がないにも関わらず、オープン初日から100人を超える人が来店し、10席で1日15回転する繁盛ラーメン店になっている。

の試作をずっと繰り返していたのですが、その間に店の前を通る方々が、「ここにラーメン屋ができるんだ！」、「いつオープンするのだろう？」というように、開店前から注目してくれました。これが集客につながった大きな点だと思います。

実際に、お客様からは「開店はいつ？」というような声をかけてもらっていたし、コミュニケーションをとることもできました。

だから、オープン時には看板をいち早くつけて、通行人にしっかり告知をしておくことが、良いスタートを切ることにつながると思います。

キノキノの目線

新規出店、リニューアルオープンとも、まず看板を設置してから、味の最終調整や試作に取りかかるのも、オープン初日の集客数アップにつながるでしょう。

目立つ看板は一番の集客効果につながる

青二犀《あおにさい》

大阪府吹田市

店主　森山 真樹

ラーメン店であることがすぐわかる看板を設置

［青二犀］は2013年の6月くらいから店舗の内装工事を始め、7月初旬には店が完成していました。

ポスティングもしようと思っていたのですが、味の最終調整や試作などで忙しくてまったく配れず、店頭で数えるほどのビラ配りをしただけでした。しかし、オープンの第一週目は1日140名ものお客さんに来店してもらえました。

この結果は、看板をいち早く店に設置したことに関係があると思います。

ポイント

看板を赤地に白抜きのシンプルな色合いにして、歩道を通っている人から見える部分には、「拉麺」と

PROFILE【もりやま まさき】
大学時代にラーメン店でアルバイトをし、飲食店で独立したいという夢を持つ。卒業後、その店の社員となり、30歳まで勤める。その後、食べ歩きで見つけた「これだ！」と思う店で修業を開始し、35歳で独立開業。オープン時からずっと客足が絶えない、大阪吹田の地域密着型の繁盛店となる。駅からも遠く、「こんなところにラーメン屋があるの？」と思うような立地にも関わらず、来客数は1日120人を超える。

いう文字がしっかり目に入るような、目立つ作りにしたのもよかった点です。

さらに、ウチがある大阪の吹田エリアはベッドタウンということもあって、開店準備中に地元の人たちから、「まだ開かへんの？」、「いつオープンすんの？」と聞いてもらえ、地元の人同士の口コミが広がっていった効果もあると思います。

また、オープン前からお客様と話をすることで親近感が生まれ、オープン当日には多くの人が来てくれました。

一度来てくれたお客様がリピーターになることで、8席で1日15回転するラーメン屋になることができたのだと思います。

キンキンの目線

看板は開店時に加え、リニューアル時にも集客のポイントになります。期待感をどんどん上げて行く販促手法も、成功のコツです。

集客&リピート率アップのツボ

感動をたくさんちりばめる

味はもちろん、接客や内装にも独自性と心地よさを出し、感動とサプライズの要素を多くする。すると、リピート率がアップして、口コミにもつながるため、新規客も増えるという好循環を作りやすい。

着席から着丼までは早く

店に入って着席してから待たされると、通常、ストレスになる。着席後は、注文から着丼の流れを迅速に行う必要があり、それができるオペレーションを続けることが、長期的な繁盛店のベースになる。

お客様をファン客化する

繁盛のために大切なのは、お客様に店のファンになってもらい、長きにわたってリピートしてもらうこと。「また来たい」と思ってもらえるサービスなど、感動の部分を作ることも、一味違う強みになる。

記憶に残る何かを作る

初めてのお客様の記憶に残る部分を作り、再来店を促す努力が大事。味、笑顔、挨拶、店の雰囲気、お見送りなど、いろいろな要素のなかで「自分の店はこれだ!」という具体的な何かを作って続ける。

夜の集客は明るさで勝負

夜の集客をアップするには、ライトの数、ワット数を意識する。とくに、暗い路地裏立地などの場合は、ライトを明るくするだけでも、店の前を通りかかる人や店周辺にいる人を、集客できる効果がある。

限定メニューをうまく展開

定番のグランドメニューだけでなく、限定ラーメンを展開することはリピート率アップにつながる大きなポイント。開業後、体制がしっかりと作れた段階で限定ラーメンへの挑戦を検討するとよい。

第5章

繁盛する販促の裏技

チラシやポスティング、FacebookやTwitterなど販促ツールはいろいろ。勝ち組の店主たちは、客層や地域性に応じて多様なツールを使い分ける。ネット社会の拡大につれ、お客様の情報発信が効果的な販促になる場合もある。その活用術を公開する。

おいしいラーメンを伝える力が販促を強化

MENSHO TOKYO《メンショウトウキョウ》

東京都文京区

店主　庄野 智治

ラーメンの魅力を将来のお客様に伝える

おいしいラーメンを出すことは基本中の基本で、それ以外に重要なのが、お客様が「おいしい」と思ったラーメンを、その人を介してほかの人たちにどうやって伝えてもらうかだと思います。

ＭＥＮＳＨＯグループでは「感動と驚き」をテーマに日々研究し、おいしいラーメンを作っています。

ウチの得意技

さらに、食べて感動してくれたお客様が、その魅力を伝えようと思ってくれたときに、ちゃんとしたかたちで伝わるよう、お店側としても工夫しています。

店主がおいしくなるよう努力して作った一杯は、一つの作品で

PROFILE【しょうの ともはる】
高校生でラーメン屋開業を志す。経営学を学ぶため大学に進むが、現場を早く体験したいと思い中退。内装業のアルバイトで資金を貯め、無修業で開業。東日本大震災でラーメンの炊き出しを行い、ラーメンの底知れぬパワーを感じる。その素晴らしさを多くの人に伝えるために店舗展開を始め、国内に7店、サンフランシスコにも店を持つ。「ラーメンクリエイター」として、ラーメン開発に明け暮れる日々。

す。外食でラーメン人気が高いのは、店ごとに作品が存在し、それぞれに違った魅力があり、食べ歩きたくなる食事だからだと思います。そこで大切なのは、味はもちろん、店主の想いが詰まった作品を食べてみたいと思ってもらえるように、工夫する努力です。

独自の方法

そこでウチでは、ラーメンのおいしさ、魅力、どうやって作っているのかがわかるように、仕込み風景などの写真を撮って、Facebook、Twitter、ブログなどに投稿し、お客様に伝えるよう努力しています。

限定ラーメンや新メニューを出すときは、味や雰囲気がすぐにお客様の脳裏に伝わるように、使用しているスパイスのオブジェやそのラーメンに合った背景パネルと一緒に撮影しています。

伝えにくい裏側の部分を写真で見てもらうことで、その一杯の奥行きとストーリーまでもが見えてくるのです。その結果、僕たちの想いや考え方などを共感してもらえれば、お客様同士で話題にしてもらうことができると思います。どれだけ素晴らしい、おいしい

写メ撮影でもラーメンがおいしく写る照明を設置

ラーメンを作るかはとても重要ですが、それだけでなく、ラーメン作りの奥行きや背景を伝える努力も同時に大切です。

お客様が撮るラーメンがおいしく写る照明に

そのためには、照明機器なども重要になるのでそこにも力を入れ、ウチでは間接照明にしています。これは、取材時などに、カメラマンさんが撮影するときによく使う照明を参考にして作りました。

ポイント **こうすることで、お客様がラーメンを写メなどで撮影しても、間接照明によって光が全体に拡散し、とてもきれいに写真が撮れるようになっています。**

おいしいラーメンを作って、見た目のきれいさにも全力を注いでいるのに、ＳＮＳによって写真が拡散されるときに、おいしくなさそうに写ってしまうと、店主の想いがブレてしまいます。

どれだけお客様にブレずに伝え、理解してもらえるかが、今の時代は極めて重要です。世の中にはいろいろなラーメンがあって選択

食材のオブジェなどを配して、店内にサプライズ感を

肢が多く、さらにインターネットで簡単に情報が拾える時代なので、写真一つでお客様に選んでもらえるかどうかが決まってしまいます。しかも、食べに来た方が自分の友達や知り合いに「あのお店はおいしかったよ」というだけでなく、多くの人にシェアします。

〝選んでもらう〟という観点からすると、「おいしいラーメン→撮影場所→おいしく伝わる写真→シェア→口コミ→集客」というサイクルを高レベルにして、一貫性を持たせることが大切です。

客をつかむ

レベルの高いおいしいラーメンを作っても、写真のレベルが低いと一貫性が失われ、お客様には伝わらず、集客も増えない、ということになります。だから、商品となるラーメンだけでなく、それをお客様にうまく伝えることに力を入れることが重要なのです。

キノキノの巨縁

「おいしいラーメン」をしっかりとお客様に伝えようとしている店は、さほど多くないのが現状です。庄野店主の取り組みは、業界でも最先端を行っていると思います。

情報発信をまめにして共感してくれるお客様を増やす

麺《めん》屋《や》一《いっ》燈《とう》

東京都葛飾区

店主　坂本　幸彦

インターネットを活用して自分を知ってもらう

販促に力を入れることは、ラーメン屋さんだけでなく、飲食店を経営するうえでとても大事なことだと思います。それに有効なツールがインターネットです。

僕はいろいろなラーメン屋さんで修業しているときに、ホームページを作って情報を配信していたこともあり、オープン初日から多くのお客様に来ていただけました。

ポイント　**今はSNSやブログなどいろいろなツールがあり、インターネットの最大の良さは、お金をそれほどかけずに、自分が寝ている間もずっと宣伝してくれるところにあります。**

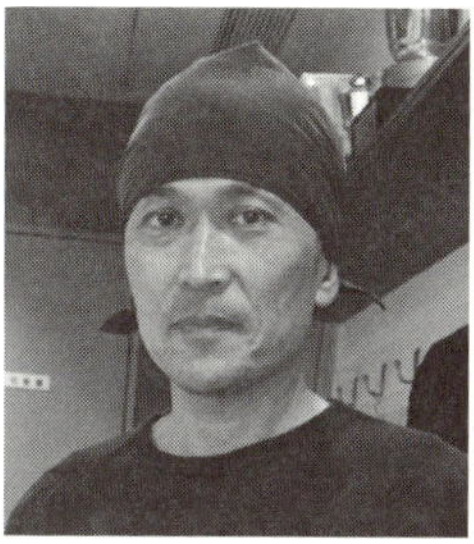

PROFILE【さかもと ゆきひこ】
高校卒業後、フランス料理のコックとして4年半勤務。出張で行ったアラスカで多様な価値観に触れ、「さまざまな世界を知りたい」と、親が営む八百屋の手伝いや会社員を経験。39歳で独立支援システムのある「麺屋こうじグループ」で働き始める。一度退社するもカムバッグし、42歳で[麺屋一燈]を開業し、1日250人以上の来客数を確保。5店舗を展開し、海外プロデュース、イベント出店などでも活躍。

たとえば、新聞に「新店をオープンします」という折り込み広告を何万部も入れたとしても、ほとんど見てもらえずに捨てられるケースが多いと思います。しかも、チラシ作り、デザインなどの制作費や印刷代など、いろいろな費用と時間がかかります。

それに比べると、インターネットは費用をかけずにでき、24時間365日、全国の方、もっと言うと世界中の方に見てもらえるツールなので、販促には絶対に活用したほうがいいと思います。

ブログの更新も、集客のための販促には効果的です。

戦略
僕は店のオープン後は、毎日ブログを更新していました。続けていると、2ちゃんねるなどで「あいつは毎日ブログをアップしている」などとネタにしてもらえ、それだけでも集客効果につながっていました。

だから、スタッフにも「毎日ブログをしたほうがいいよ」と言っていますが、なかなか毎日続けてやる人は少ないのが現状です。

定番メニューに加え、限定の味も定期的に登場する

共感してくれた人は店に長く通ってくれる

ブログの内容はラーメンのことだけを書く必要はなくて、「好きな芸能人」とか「好きな女の子のタイプ」とか何でもいいんです。要は、自分をお客様に知ってもらうために書くということです。いわば、どんな想いで自分がラーメン屋を立ち上げ、どんな気持ちでラーメンを作っているかなど、自分の心や想いをお客様に知ってもらうためのツールなのです。

客をつかむ

それに共感した方はお店に来てくれ、共感しない方はそもそも来てはくれないので、自由に想いを書けばいいのです。

店でラーメンを作り、お客様に食べてもらって会話するだけだと、自分のことは伝わりにくいものです。ウチの場合は、ホームページを活用して、自分の生い立ちやラーメン屋をやり始めたきっかけなどを配信し続けたことで、オープン当初から、共感してくれ

日本の店舗に加え、海外出店にも奮闘中

た人が来てくれたのだと思います。

いろいろなラーメン屋さんで修業していたので、［麺屋一燈］の開店後、昔からのすべてのお客様が来てくださり、ラーメンを作りながらうれしくて泣いたこともあります。

今でも、周年時は「商売を続けさせてもらってありがとうございます」という想いを込めて、記念ラーメンを破格の値段で提供しています。長年のお客様もたくさん来てくださり、共感してくれたお客様とはずっと心がつながっているのだと感じます。

キンキンの目線

集客のためにSNSやブログなどのインターネットを活用することは、［麺屋一燈］さんの経験からも有効だと思います。お客様に自分の想いや心を伝えることで、それに共感してくれたお客様が来てくれれば、長きにわたる経営につながるでしょう。

口コミの販促費と考えて、新店オープン日は全品無料に

人類《じんるい》みな麺類《めんるい》

大阪府大阪市
店舗マネージャー　北　健志

初回無料で150人以上が行列した

新店を出したときに何よりも重要なのは、お客様に知ってもらうことです。

勝負のコツ

まずは、お店に来てもらうことに全精力をつぎ込まないといけません。

だからウチでは、「店の雰囲気はどんな感じか?」、「どんな味のラーメンなのか?」、「どういうスタッフが働いているのか?」を思いっきり見てもらい、多くのお客様に来てもらえるように、オープン初日を全品無料(200杯ほどの限定)にしています。

告知の仕方は、店頭ではもちろん、FacebookやTwitterも活用しま

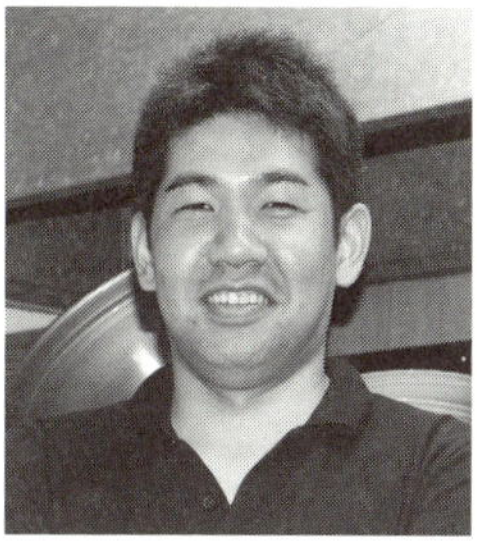

PROFILE【きた たけし】
和食店に勤務中、ラーメン店で修業中の現[人類みな麺類]の同い年のオーナーと知り合い、誘われてラーメン業界へ。24歳でオーナーと一緒に[人類みな麺類]を立ち上げる。共に試行錯誤しながら味を作って開業するが、1日数十人の集客で厳しい状況におちいる。が、テレビに出たことからブレイクし、1日400人を超える人気店に。現在は5店舗を展開し、全店舗が1日200人を超える。全国47店舗展開を計画中。

す。Facebookは「いいね！」の数も3000「いいね！」を超えて、リーチの数も1万くらいになるので効果はすごくあります。

ウチの流儀
初回無料にすると、利益は度外視なのでコストはかかりますが、来ていただいたお客様の70～80％は2回、3回と店に足を運んでくれるので、初日無料の投資をすぐに回収できます。

初日無料の効果としては、150～160人くらいがオープン前から行列してくれ、なかには朝6時から並んでくれるお客様もいます。スタッフが朝9時に出勤したときには、すでに40～50人くらいが並んでくれているので、とても宣伝効果があります。また、200杯くらいの提供になるため、限定感もあると思います。

初日のオペレーションはその後の集客に直結する

考え方としては、すべてを無料にするということ自体はコストがかかりますが、それを販促経費として捉えるということです。

開店時の行列が話題や口コミを広げ、販促につながる

まず1回お店に来てもらうことで、2回、3回とお客様に来店していただけるのであれば、無駄にはならない販促経費だと言えます。しかも、初日無料にすることによって、普通に新店をオープンするよりは集客効果があり、2日目も3日目も多くのお客様が来てくれるというメリットがあります。

ただ、初日にオペレーションが無茶苦茶になると、その後にリピートしてもらえないということもあります。

ウチでは、初日無料のイベントに備えてしっかりとスタッフのトレーニングをし、プレオープンとして1週間程度シミュレーションしているので、バタバタになる心配はありません。

当日はこういう動きで、こういう流れでいこう、というのをスタッフ同士で共有しておくことも重要だと思います。

キンキンの目線

「初日無料」という圧倒的な話題性は、新出店にも新装開店時にも、集客と認知度アップにつながる効果があると思います。

メディアでの販促にはメリットもデメリットもある

麺屋《めんや》 優創《ゆうさく》

東京都新宿区

店主 室井 慎二

テレビで紹介してもらい、集客に大成功

2010年くらいに、ウチをテレビに取り上げてもらいました。その頃は、ラーメン業界も「テレビに出てもあまり影響はない」と言われるような時代で、知り合いのラーメン屋さんからも「1、2週間行列ができればいいんじゃない？」と言われましたが、テレビに出てから1カ月半くらい行列ができました。

ウチは海老やカニを使った特殊なスープなので、1日に作れる量が決まっていて、提供できる杯数が限られます。でも、お客様がたくさん来てくださったので、仕込みも1回のところを2回に増やし、1日2〜3時間しか寝られないほど繁盛するようになりました。

しかし、仕込みの量を増やしたのに、夜9時のラストオーダーの営業のところ、夜7時頃には売り切れる状況が続きました。

新宿区大久保エリアでオリジナリティの高い一杯を提供

デメリット体験

テレビに出る前に、夜ずっと来てくれていた常連さんたちが、「どうせ行っても、スープがなくなっているだろう」と、来てくれなくなったんです。

宣伝効果と反動を想定する準備も大事

テレビの影響での行列が終わって、スープが残っている状況になっても、常連さんが来てくれない時期がありました。戻ってくれるまでに3〜4カ月ほどはかかり、ひまな時期が続きました。

とくに、ウチのように特殊で珍しいラーメンで一日に提供できる杯数が決まっている場合、テレビに出て集客数がアップするという効果はありますが、急に集客が伸びると、テレビの影響がなくなったときの反動が出る可能性もあります。

ポイント

昼はスープがあるので大丈夫ですが、夜はお客様に提供できる杯数の限界による影響が出やすいと思います。

ただ、宣伝効果として、テレビでウチを知ったお客様が今でもリピートしてくれているし、テレビに出たあとしばらくは来客数が増

PROFILE【むろい しんじ】
10年以上フランス料理に携わり、本場フランスでの修業も経験。友人のラーメン屋を手伝っていたとき、ラーメンの魅力にとりつかれる。フレンチの経験を生かした、海老やカニなどを使った独自のラーメンが評判。1日のスープ量に限りがあり、テレビ取材を受けないつもりが、欠陥工事の修繕資金が必要となりテレビ出演。来客数が増え、スープが毎日切れるほどに。女性客が4割を超える。

えたので、もちろん効果はあります。しかし、リスクもあることを覚えておいたほうがいいでしょう。

　また、急に忙しくなった場合に店のオペレーションが悪くなると、逆にお客様が離れてしまうケースもあるので、気をつけなければならないです。ウチはその時期だけ飲食業の知り合いに限定で手伝ってもらったので大丈夫でしたが、一般的には人が足りないという問題が出るし、テレビ効果が終わったあとに、「ひまになったから辞めてください」となってしまうと最悪ですからね。

差別化

テレビに取り上げてもらえる要素としては、ほかにはない珍しさや特徴のあるラーメンという部分が大きいと思うので、やはり、独自性を出すのが重要だと思います。

キノキノの目線

メディアに出るには、他店とは違う味、特徴、雰囲気なども必要です。また、その後の影響を吸収できる意識や対応力も、繁盛し続けるポイントでしょう。

販促は〝読ませる広告〟でお客様に想いを伝える

らーめん専門店小川《せんもんてんおがわ》

東京都町田市

店主　小川　厚志

開業時の販促はしない

［小川］グループでは、オープン時には一切販促はしません。開店時は新人スタッフも多く、シミュレーションをしたとしても、実践になると絶対にミスが起こります。販促のチラシなどをまくと、ミスが起こる危険性が高い状態に多くの人を呼び込むことになり、トラブルが発生してお客様が離れる結果になりかねません。

だから、ウチの場合はオープンする前にプレオープンを絶対にするようにしています。近所の人や取引先の人、ウチのグループ店の人に、無料で食べてもらえる日時を予め告知しておき、新人スタッフを集めて実践でトレーニングをしています。来店してくれる方が身内なので、たとえ大きなミスをしても大丈夫なんです。

PROFILE【おがわ あつし】
父親が脱サラで始めたFCラーメン屋が傾き、勤めていた百貨店を辞めて25歳で父の店を手伝う。接客や店舗の意匠で勝負するも不振。味で勝負するためFCを辞めて、30歳で[小川]を開業。当初は行列ができたが、売上げが減少。3カ月で味を改良し、広告にも力を入れて持ち直す。今は[小川]、[おがわや]、[小川流]の味が異なる3ブランド10店舗に成長。[小川]本店は30席で月商1200万円の繁盛店。

ウチの得意技

つまり、販促に力を入れるよりも、プレオープンを全力でやることが一番大事だと考えています。

その後、3〜4カ月ほど動向を見るのですが、そのまま調子が上がっていく店もありますが、だいたいどの店舗もオープン景気が終わると売上げが落ちてきます。復調ペースがあまりにも遅い場合や、落ち幅が大きい場合は、スタッフ皆が仕事に慣れたタイミングで、販促としてチラシを配り始めます。

ウチだと店にもよりますが、20席ほどでオープン時約300人のお客様に来てもらえています。1カ月ほど経ったとき、来客数が半分くらいになった場合、販促のためにチラシで集客を開始します。

安さをウリにせず、チラシに想いを込める

媒体は、新聞折り込みではなくポスティングをしています。折り込みは一斉にまかれてしまうことが多いので、お客様が大勢来たとき現場がバタバタになり、ミスが出る可能性もあります。なので、ポスティングで小分けにし、1回1000枚程度まいています。

店内にも読ませる告知を掲示して、店の想いを伝える

レスポンスは、３万枚まいて２％程度の効果です。だから、落ち幅が出たときや周年行事やイベントなどではチラシを作って、クーポンなどもつけて販促活動をしています。なにかの理由で、ウチに来なくなった方にも、再来店してもらううえで有効だと思います。

チラシの内容は読ませる広告にしています。Ｂ４やＡ４サイズにして、「開店時と比べて、ラーメンのクオリティもサービスも上がったので、もう一回来てみてください」という内容を記載します。

ポリシー

自分の気持ちをしっかり書くことでお客様に想いが伝わり、それに共鳴してくれた方が足を運んでくださるのだと思います。

写真やクーポンをつけることも大切かもしれませんが、メッセージ性を出すことで、より広告の意味がはっきりし、お客様もそれを感じてくれて、集客効果につながるのだと思います。

キンキンの目線

チラシを大量にまかず、小分けにしてポスティングする効果がわかります。自分の想いを伝えるのもポイントですね。

一つの〝つぶやき〟が確実にお客様を呼ぶ

麺屋《めんや》KABO《カボ》ちゃん

東京都北区
店主　窪川　剛史

Twitterの販促効果はすごい！

お客様に来ていただくために、ウチでやっていることは、Twitterでつぶやくことだけです。

ホームページやブログももちろん効果があると思いますが、それらは見に来てもらわないと情報を伝えられない媒体です。一方、Twitterはほかの用事と一緒に紛れてお客様に見てもらえるし、知っている店やお客様同士がシェアして拡散してくれるメリットがあります。

そのため、Twitterは宣伝効果としてとてもよい集客ツールだと思います。Twitterで一言つぶやいただけで、無料で1人でもお客様が来てくだされば、儲けモノです。

ラーメンとかき氷を出すというスタイルで人気店に

ウチの流儀 **集客のための販促にいろんなことをやる必要はないと思います。情報が分散するほど、人の目につくと思いますが、お客様がどれを見ていいのかわからなくなります。**

自分が管理しきれないという問題も出ますので、どれか一つだけをやればいいと思います。

限定ラーメンをつぶやくと、集客が10%伸びた

もちろん、ユーザー数やフォロワーさんの数も重要です。自分の場合は、もともとラーメンフリークだったこともあり、オープン前からフォロワーさんが700人以上いました。だから、個人アカウントをそのまま店のアカウントにすることで、オープン時の告知は意外にらくでした。「1月29日にオープンします」とつぶやいた時点で、一気に100人以上のフォロワーさんが1日で増え、これが店をオープンすることなんだ、と衝撃を受けたほどです。

Twitterでつぶやいたことで、オープン時に70食しか用意していなかったラーメンがお昼の1時頃には完売しました。

PROFILE【くぼかわ つよし】
大学、会社員時代にラーメンを食べ歩く。38歳でリストラされ、その頃、荻窪のかき氷とラーメンを出す店に食べに行き、衝撃を受ける。知り合いのラーメン店主の好意で、間借りで夏限定のかき氷を出す。会社員の頃はクレーム処理担当で、お客様に怒られる日々だったが、「ありがとう」と言ってもらえ、お金ももらえる飲食業に魅かれる。39歳で知人の店を買い取って独立開業。多い日は6席で15回転する人気店に。

ウチが商店街の目立たない立地にあることを考えると、Twitterによる販促力・集客力はかなりあると思います。今は2400人くらいのフォロワーさんがいて、限定ラーメンをやるときなどにTwitterでつぶやくと、5〜6人のお客様が毎回来てくれています。集客数としては、約10％アップの効果です。

夜のゲリラ限定ラーメンをやるとき、夕方5時半からのオープンにもかかわらず、午後5時頃につぶやきます。6席しかなく、限定ラーメンを多めに用意できるストックスペースも取れないので、つぶやいて4〜5食ほど増えればいいという感覚でやっています。遠方のお客様には「もう少し早くつぶやいて」と言われることもありますが……。

戦略
もっと数量を用意することができる店なら、日時を決めて「○月○日に限定ラーメンやります」というふうに計画的にやることで、確実に販促・集客効果は出ると思います。

キンギンの目線
今の時代、TwitterやFacebookなどに力を入れるのは必要なことです。無料や低コストでできるのも魅力です。

メルマガの活用でお客様との接点を絶やさない

いつ樹《き》
東京都青梅市

店主　伊藤　真啓

メルマガ配信でリピート率をアップ

［いつ樹］は魚介系のラーメンが得意なので、季節の魚などを使って、お客様にわかってもらいやすい限定ラーメンをやっています。たとえば、土用の丑の日であれば、ウナギを使ったラーメンを提供したりなど、頻繁に限定ラーメンを展開していることもあり、お客様のほうで、○月△日に［いつ樹］はこれをやるぞ、という予想をしてくれるようになっています。

カレンダーを見ると、7月10日は「納豆の日」、8月31日は「野菜の日」というように毎日何かの日です。

ウチの得意技　**そういう日にちなんだ限定を恒例にすることで、お客様が予想して来てくださり、レギュラーメ**

PROFILE【いとう まさひろ】
調理師学校を卒業後、栄養士として働くが、ラーメンへの想いがふくらむ。たまたまテレビで見た[渡なべ]の店主に魅了され、ラーメンの道を決意。24歳のとき渡辺店主のもとで修業を開始し、28歳で独立。当初は繁盛するも、客足が減り1日20人を切るほどに。そんななか「海老つけ麺」が大ヒットし、開業後半年で軌道にのる。が、2年後のピーク時に火事で店を失う。その後、再起を果たし、現在4店舗を展開。

ニューと違う味を提供することでお客様巻き込み型の流れになっているることが、リピーターが多い理由だと思います。

また、おもしろい限定ラーメンをお客様がネットやSNSにアップすると、それを見て「その情報を知りたい」と興味を持った別のお客様が、ウチのメルマガに登録してくれます。そういうお客様に限定ラーメンの情報を配信することで、さらにリピート率が上がる、という流れになっています。

エリアやお客様の層を考えて、集客媒体を決める

配信回数は最低週1回、多いときで2〜3回、自分自身で配信しています。

ポイント

お客様に興味がない内容を送ってしまうと、読者が減ったりするので、どういう内容を書くと嫌がられるのか、喜んでもらえるかをつねに考えなければなりません。

SNSを使った販促で限定ラーメンなどの情報を発信

ブログやホームページは、興味のあるお客様が自分で調べて見に来てくれますが、メルマガは一方的に送るモノなので、そのあたりは気をつける必要があります。

たとえば、夜中においしいラーメンができてテンションが上がって送ったとき、クレームになったこともあるので、ひとりよがりになってもダメだと思います。だからウチでは、配信する時間帯は朝の8時〜夜10時までと決めて送るようにしています。

読者数は今、「いつ樹」で１８００人くらいおり、ほかの店舗を合わせると全部で７０００人くらいの会員様がおられます。

メルマガの効果としては、開店1時間前に「今日のお昼にこういう限定ラーメンをやります」と情報を配信すると、昼がすぐに忙しくなるので、かなり効果はあると思います。ただ、配信回数を多くしすぎるとお客様も疲れるし、ウチの近隣で限定ラーメンをやっている店もあるので、そことかぶらないようにバランスを考えながら配信するなどの配慮も必要です。

また、インターネットに慣れている若い人が多い都心のお店だと、FacebookやTwitterのほうが効果はありますが、ウチは青梅市

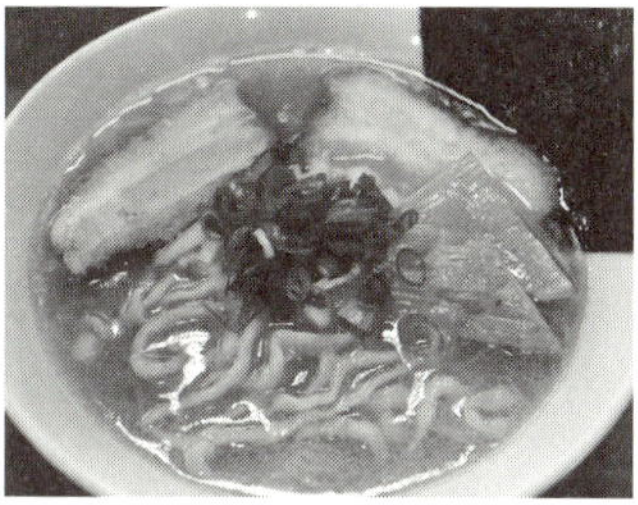
自家製の縮れ平打ち麺の鯛ダシラーメンが定番商品

という都心から離れた郊外にある店舗で、お客様の年齢層が高いこともあり、こちらから情報を配信するメルマガのほうが、効果が出やすい傾向にあります。

秘訣
このように、エリアの特性や客層も意識して、媒体を活用することも大切だと思います。

店主自身がメルマガを配信し、試行錯誤しながらお客様の喜ぶ内容を考えていることも、お客様に支持される要素でしょう。それが、お客様とのつながりを生み、リピート率アップにも結びついていることがわかります。

繁盛する販促の裏技

数量限定で無料提供

リニューアルや新規開業しても、認知されなければお客様は来てくれない。「味をまず知ってほしい」という場合、初日無料の試みは集客にも話題性にもつながる。ただし、オペレーション対策は必要。

インターネットを活用する

近年はインターネットが発達し、情報発信が簡単かつ低コストでできる。繁盛店の店主さんたちは、ブログやFacebookをこまめに更新し、ラーメンや店に関する情報を配信し、来客数を増やしている。

オペレーションと販促の関係

販促効果で来客数が増えたときに注意したいのは、オペレーションが乱れてお客様に迷惑をかけ、リピートしてもらえないケース。そのため、販促活動は現場の体制がしっかり整ったうえで行おう。

メディアに取り上げられる

テレビや雑誌などに出ることは、多くの人に自分の店を知ってもらう効果が大きい。取り上げてもらうには、メディアが注目するような、独自性のある特徴的なラーメンを提供することがポイントになる。

安さでなく想いを伝える

割引券やトッピング無料券などを配るのもいいが、店の特徴やラーメンにかける想いなどもチラシやクーポンに記したい。安さをウリにするのではなく、店主の想いを伝えることが、店のファンを増やす。

おいしく写る工夫を

最近は、お客様が写メでラーメンを撮影して自分のブログやFacebookなどに投稿し、情報が拡散して販促効果を生むことが増えている。そのため、ラーメンがおいしく写る照明にするなどの戦略も重要。

第6章

心をつかむ接客

同じ味と価格の店が近くに2軒あれば、どちらに行くか。間違いなく、接客がよい店のほうだ。笑顔や挨拶はもちろん、迅速なオペレーションも勝ち組のポイントになる。接客レベルを上げるにはどうするか。体系化して成果を上げる店主たちがノウハウを語る。

〝お客様以上、友達未満〟の接客で心をつかむ

ラーメン荘《そう》 歴史《れきし》を刻《きざ》め

大阪府大阪市

店主　藤原　大地

10種類の挨拶で、他店と差別化を図る

接客は、たとえ近隣に同じ味、同じ価格のラーメン屋さんができたとしても、お客様に自分の店を選んでもらうための大きな差別化要素となります。接客はコミュニケーションであり、お客様との心のつながりを作っていく大事なものです。

今の時代、SNSが流行るのと一緒で、人は皆寂しがり屋なので、「ほかの人とつながっていたい」という欲求があり、それはラーメン屋さんの接客でも同じだと思います。

ウチの流儀

だからウチでは、〝お客様以上、友達未満〟の接客を重視しています。「あなたのことを覚えていますよ」というアピールの挨拶として、「いつもありがとうございます」とい

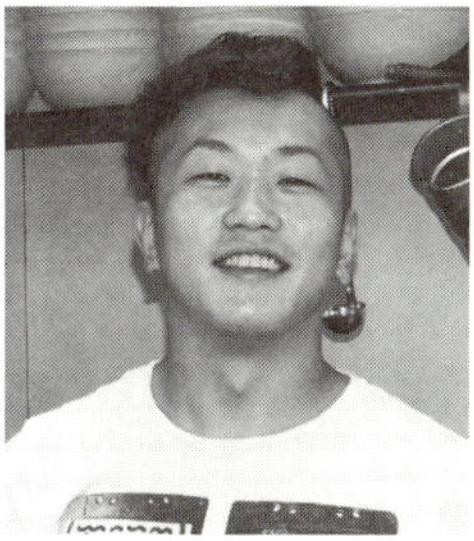

PROFILE【ふじわら だいち】
高校時代にラーメンの食べ歩きを始める。プロの総合格闘技家だったが、ラーメンのほうが自分の中でウェイトを占めていることに気づき、[麺や輝]で修業開始。その後、京都の[夢を語れ]に移り、1日16時間の仕事をこなし、3カ月で店長昇格。6カ月で1号店と2号店の統括部長に。その店のグループで経営していた[歴史を刻め]を買い取って実質オーナーとなり、行列店にする。暖簾分けや独立もサポート。

う声がけをするだけでも、売上げはまったく変わります。

コミュニケーションは「挨拶」から始まるので、それを強化しなければ、ほかのラーメン屋さんはもちろん、ほかの飲食店との差別化を図ることはできないのです。だから、ウチでは10種類の挨拶があり、スタッフ皆に全部マスターしてもらっています。

接客強化がお客様を増やすサイクル作りに役立つ

具体的には、「ガン見挨拶」、「生存確認挨拶」、「キューティーハニー挨拶」などがあります。

「ガン見挨拶」は、お客様のほうをしっかり見て挨拶する接客方法です。また、「生存確認挨拶」は〝やまびこ禁止〟というものです。

スタッフの誰かが「いらっしゃいませ」と言ったとき、それを聞いてお客様が見えていないのに、同様に「いらっしゃいませ」と言うのを禁止し、お客様が見えたら挨拶するように徹底しています。

「キューティーハニー挨拶」は、あの〝こっちを向いてよハニー〟から取っていて、お客様が食べ終わって店を出るとき、その人の方向を

大阪・東淀川区を代表する行列店の一つ

2秒以上見るという挨拶です。お客様はこちら側が「ありがとうございました」と言ったときに振り返ってくれることが多いので、そこで挨拶のトドメをさすという方法です。

戦略 **単に接客を強化するために「挨拶をしよう」という漠然としたモノではなく、こういうふうに具体的なやり方を作ることで、スタッフ一人一人がお客様のことを考えるようになります。それが、親近感を持った接客を心がけることにもつながるのです。**

そういう接客だと、たとえば、作業着でちょっとドロのついた服を着た方が来てくださったとしたら、「朝から現場でがんばっていたんだな」とイメージしながら接客できます。その想いは必ずお客様にも伝わり、リピーターが増え、その常連さんが新規客を連れてきてくれるという、いいサイクルが作れるのです。

キンキンの目線

成熟期にあるラーメン業界は、商品だけで差をつけることが難しく、接客に力を入れる店が多いのが現状です。「歴史を刻め」さんのように、接客を体系化してレベルアップするのは抜きん出た強みになるでしょう。

接客力の向上にはお客様の声を反映するのが一番

麺《めん》や輝《てる》

大阪府大阪市

店主　森　輝人

接客がラーメンをより一層おいしくさせる

繁盛ラーメン屋になるためには、味はもちろんですが、接客がとくに重要です。「麺や輝」は開業から15年経ちますが、当初は味がすべてだと思っていました。しかし、ずっとラーメン屋を経営してきて、今は、商売はじつは味がすべてではないと感じています。

なぜかと言うと、一店舗だけやっていてメディアに取り上げてもらった頃は、「その味を食べてみたい」というお客様が多く来てくれていましたが、2号店、3号店と店舗展開をしていくと、わざわざ遠くから1号店に食べに来る人はほとんどいなくなり、近所の方や通勤帰りの方が圧倒的に多くなりました。

PROFILE【もり てるひと】
ラーメンが昔から好きで、商売をするならラーメンと決めていた。29歳で大阪の[福将軍]で修業を開始し、自宅でも無化調の天然素材のラーメンを試作研究。31歳で独立開業するが、1年間は客足が伸びず、貯金が毎月10万円ずつ減る。あと半年で貯金ゼロというとき、たまたまメディアに載り、人気が出る。大阪の魚介豚骨ラーメンのパイオニアとして修業希望者が多く、店舗展開を開始。台湾にも店舗を持つ。

ポイント **とくに女性のお客様は、味よりも店員さんの対応を重視しているケースが多く、不愛想な接客では、一度来てくださっても、その後リピートすることはほぼなくなります。**

それに、味がわかる人というのは、じつは少ないんです。「このラーメンがうまい！」というのは、メディアに左右されている場合が多く、メディアの影響なしで「うまい」と判断できる人は多くない。だから、店の雰囲気をよくして、「この店はいい感じだな」と思ってもらえる空気感を作ることで、実際に食べたときに、「おいしい」と五感で感じてもらうことがとても大事なのです。

接客向上のために独自の覆面調査を実施

客をつかむ **「おいしい」と感じてもらえる空気感を作るには、笑顔で元気よくお客様のほうをしっかり見て挨拶するなど、雰囲気の良さが伝わる接客に力を入れることが大切です。**

ウチでは、接客を向上させるために、自社独自の調査を実施して

メディアの紹介で爆発的な人気が出た味

います。「お客様の顔を見て『いらっしゃいませ』を言っていましたか」など、いくつかの項目を覆面調査でチェックしています。調査は数を集めることが重要なので、一般の方に報酬を支払い、調査員をしてもらうようにオファーしています。5年でだんだんと増えてきて、今では協力したいという方がたくさんおられます。

その調査アンケートで点数を出し、月1回社員会議のときに、「今月の1位は○○店です」というふうに表彰して、社員には5000円、アルバイトには3000円をプレゼントしています。

お客様から「こういうことができてない」と言われると、スタッフはクリアしようと努力し、また、ほめられるとうれしいのでさらにがんばる。お客様の評価がスタッフのモチベーションのアップに直結し、接客にも力が入るのです。その結果として、店の雰囲気がよくなり、リピート率のアップにつながるのだと思います。

キノキノの目線

お客様の生の声をもとにすると、スタッフが意識する指標になり、具体的に何をするべきかが明確になります。それがモチベーションアップと接客力向上につながるのでしょう。

行列を作らないオペレーションが最強の接客となる

カドヤ食堂《しょくどう》

店主　橘 和良

大阪府大阪市

厨房を完全にわかる人材がホールに立つ

ウチは味だけで勝負していると思っている方も多いかもしれませんが、10年以上ラーメン屋を経営していて感じることは、味だけで勝負するのではなく、接客が一番大事だということです。

笑顔や挨拶をしっかりするというのは大前提ですが、それ以上に接客のよい店にするには、やり方があります。

ウチの鉄則

それは、仕込みから調理、お客様に料理を提供する一連の仕事をこなせる店主クラスか店長クラスの人材が、ホールに出て接客をすることです。これが最強の接客です。

以前、ウチが大阪の西区に移転してきたとき、ラーメンのことが

ていねいな仕事に定評がある大阪の人気店

何もわからないパートをホールに配置して営業していた時期がありました。その結果、オペレーションが無茶苦茶になって、お客様からの評判が悪くなり、売上げが3分の1まで下がったのです。

ウチでは今、修業して独立することが決まっているレベルの人材がホールに立ち、次の店長になる人材が厨房に入るスタイルを取っています。厨房を回す人とホールを回す2人の呼吸が合い、麺の太さや茹で時間、ワンタンを入れるタイミングなど、いろいろな面でスピーディかつ、ていねいな接客ができます。

行列を短くし、お客様を待たせないことも大事

万が一不測の事態が起こった場合、厨房がわかっている人材がホールを担当していれば、厨房で何が起こっているかが手にとるようにわかり、お客様の気分を悪くしないように、うまくまとめることができます。また、商品の質問についてもしっかり答えられるし、材料やアレルギーなどに関しても、的確に伝えられます。

もし、そういうことをわかっていない人が接客した場合、「ちょっと待ってください」とお客様を待たせて、厨房に聞きに行くことに

PROFILE【たちばな かずよし】
中学時代に映画『タンポポ』を見て、ラーメン屋への夢がふくらむ。高校卒業後、化学メーカーに就職。その時代に、[支那そばや]の味に出会い衝撃を受ける。13年間勤務し、退職。妻の実家である大衆食堂[カドヤ食堂]でラーメンを出し始め、1年後にラーメン専門店にリニューアル。開店景気後に1日10人を切る日も出るが、7年がかりで1日100人を切らないラーメン屋に育て、今は大阪を代表する名店に。

なるので、それだけでも手間と時間がかかる結果になります。

ウチの流儀

それにウチの考え方として、行列をいかに短くするかを追求しています。土日は行列ができますが、提供を早くし、片づけも手際よくして、早く座ってもらうことを心がけ、気持ちよく一杯のラーメンを食べてほしいと思っています。

冬だと寒いし、夏だと暑いので、お客様をいかに並ばせないかを考えることも、大切な接客です。そのためには、店のオペレーションをきっちりできる体制を作っておく必要があります。厨房のことを完全にできる人材が2人いて、その2人がホールと厨房を交互に入れ替われる体制を作ることがポイントなのです。

それでも行列ができるなら、真の行列店だと思いますね。

キンキンの目線

厨房の中を把握している人材がホールに立てば、作り手の作業はもちろん気持ちもわかるので、接客もスムーズでていねいになることは間違いないと思います。

来店頻度の異なる常連客を三角形で捉える

麺乃家《めんのや》

大阪府大阪市

店主　瀬戸　茂男

記憶に残る接客がリピーターを増やす

［麺乃家］は2002年にオープンしました。今まで長くやってこられているのは、多くの常連さんに支えてもらっているからだと思います。初めて来ていただいた方がリピートしてくれて「常連さん」になるわけですが、ウチは3回来てもらうことを重視しています。

客をつかむ　**一度来てくれた人の記憶に残るように、最後の会計のときに笑顔で挨拶し、お見送りのときにもう一度お声がけをして、振り向いたお客様の目を見て笑顔で送り出し、印象づけをしっかりとしています。**

そうすると、後ろを振り返ってこちらに挨拶をしてくれる方の

PROFILE【せと しげお】
飛び込みの営業、学習塾の運営を経て、独立支援制度がある[CoCo壱番屋]に入社。オーナーとして33歳で独立し、店を持つ。6年半で店舗を本部に売却。牛骨ラーメンFCとの契約を進めるが、狂牛病問題が発生して断念。その後、自分独自のラーメンで勝負しようと、独学で味を研究・開発して開業。2カ月後から売上げが落ち込み、深夜4時まで無休で働く。繁盛店にするまで3年ほどかかり、今では14年以上続く名店となる。

90％以上くらいはリピートしてくれます。

ただ、リピーターさんのなかにもいろいろなタイプがいます。たとえば、ランチタイムに1週間2〜3回来てくださる方は、かなりヘビーユーザーです。

ポリシー **しかし、僕の「常連さん」という認識は、1週間に2〜3回の方も、1カ月に1回の方も、1年に1回の方も、すべて常連さんなのです。**

ウチの近くにはお墓が多く、春・秋のお彼岸、お盆、お正月の里帰りの年4回は必ず来てくれるご家族が何組かいるのですが、その方々も、ウチにとっては大切な常連さんです。

そういう常連さんをいかに多く作っていくかが、ラーメン屋を経営していくうえで安定経営につながってきます。

3層の常連客を持つことが安定経営のカギ

たとえば、リピーターの層を三角形で表すとします。

週2～3回来てくれる常連さんはさほど多くないので、少人数のグループとなり、三角形の頂点に位置づけされます。さらに、三角形の真ん中を1～2カ月に1回くらいの人、底辺を1年に1回くらいの人として位置づけると、三角形の下になればなるほど数は多くなり、裾野が広がることになります。

秘訣

つまり、毎週何回も足を運んでくれなくても、月単位や年単位で数回来てくれる人をたくさん持っておけば、仮にヘビーユーザーが来なくなったとしても、売上げが大きく揺らぐことはありません。

だからウチでは、三角形の頂点だけでなく、真ん中や底辺に属するお客様を多くし、裾野を広げる意識を持って経営しています。その裾野の数を増やすためには、当たり前のことをきっちりしなければなりません。単にお客様として捉えるのではなく、親しみを込めて接することが大切です。

たとえば、友達と別れるときに後ろ姿を見て「バイバイ」とは言わないし、玄関まで行って挨拶するのと同じです。

だから、笑顔で店の出口までしっかりお見送りすることが、常連さんを持つうえで、とても大事なポイントなのです。

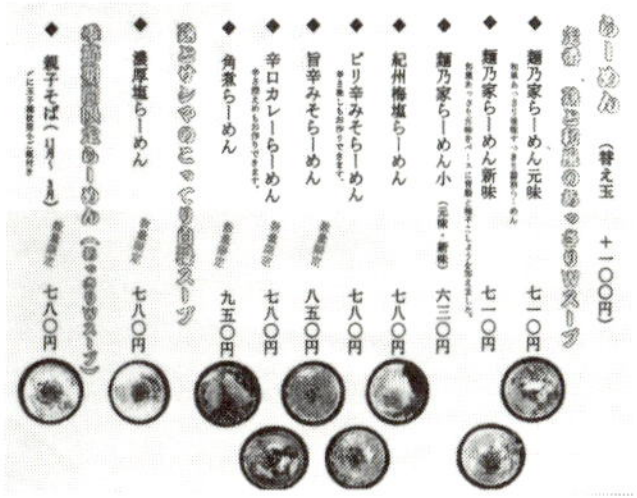

無化調の体にやさしいラーメンをラインナップ

キンキンの目線

店を長年経営していく重要点は、リピーターの数をどれだけ多く持つか、ということ。1週間、1カ月、1年という単位で区分けして常連客を捉えることが、安定したラーメン店経営につながることがわかります。

column

不振店の再生、新規開業に役立つ
キンキンラーメン道のワンポイント・ノウハウ

心をつかむ接客

笑顔とお声がけが基本

お客様の来店時から退店時まで、笑顔で元気よく接するのが基本中の基本。会計時と退店時はとくに重要で、会計時には笑顔で挨拶、退店時には出口まで見送り、笑顔できちんと挨拶をする。

接客に抜きんでる店作り

接客のレベルは、他店との差別化のかなめ。お客様の記憶に残るサービスを提供するため、「接客がすごい」と思う店に食べに行って体験し、それを実践しながら、自分なりの方法を実行する。

店独自の接客ルール

「接客をがんばろう」と思っても、気持ちだけでは各スタッフのやり方などがバラバラになり、店としての一貫性を出しにくい。そこで、挨拶の仕方など、店独自の接客ルールを作るのも一案。

厨房のプロがホールに立つ

笑顔や挨拶は大前提。さらに一歩抜きんでるには、ホールにはアルバイトではなく、プロが入ること。注文から提供、質問への応答がスムーズにできるスタッフによる接客がお客様の心をつかむ。

お客様の意見を反映

アンケートなどで、接客に関する率直な意見をお客様から伺うのもよい。問題点が具体的に出てくるので、それを改善し、一方、良い点は継続していくことで、店のウリとなる接客体制を作れる。

第7章
売上げ倍増の経営術＆設備

儲かり始めたら、次のステップを考えておかないと、ある時点で継続が難しくなる。1店舗ひとり店主を続けるのでなければ、人材を育てて店舗展開し、組織を拡大するのが王道だ。ラーメン職人の腕に加え、経営センスがあるかどうかが成功を左右する。

売上げが増えれば、給料もボーナスもバンバン上げる

東京《とうきょう》スタイルみそらーめん　ど・みそ

東京都中央区

社長　齋藤　賢治

自分の〝イズム〟を持った人材作りがカギ

店舗展開を成功させるには、人材がすべてだと思います。［ど・みそ］の人材育成は、現場に入ってもらってOJTで一連の流れを一緒にやっていきます。わかるまで教えるスタイルを取ることで、自分の〝イズム（主義）〟を浸透させるのです。ラーメン作りだけでなく、話し方、イントネーション、お客様への対応など、細かな部分まで教え続けます。耐えられない人は辞めますが、受け入れてがんばる人はずっと続けてくれます。

信念

［ど・みそ］は自分が作ったラーメン屋で、自分のカラーがあるので、それを壊さずに広げていかなければ、多店舗展開は絶対にできません。また、自分と同じ考えを持った任せられる

PROFILE【さいとう けんじ】
31歳のとき、勤めていた証券会社が倒産。別会社で働くうち、「自分で何かやってみたい」と思う。マーケット・顧客分析の経験から、味噌に着目。おいしい味噌ラーメンが東京の市場にないと考え、3年間ラーメンを食べ歩く。38歳で脱サラして修業し、39歳で京橋にて開業。当初は1日40〜50人が続く。半年後、戦略としてメディアに出て、1日200人を超える繁盛店に。現在7店舗を展開し正社員は20人以上。

人材を育てることも、到底できないのです。

だから、妥協をしては絶対にダメなのです。辞めてしまうのは、その人が自分の店のカラーに合わなかっただけなので、また1から採用して、1から教え続けるのを繰り返すことが大切です。1店舗だけを経営して、自分がつねにその店にいるのとは異なり、従業員も増えて組織が大きくなり給料も多く払いたいと思うと、店舗展開をしてスタッフを店長にしていかなければならないわけです。

同じ「ど・みそ」で展開していく以上、どの店舗も同じクオリティにする必要があります。新しく入った人も、同じようにできるようにしなければなりません。そのために、かなり細かく言い続けていると、中途半端に残っている人がいなくなり、言い続けても残ってくれる人材がいるからこそ、強い組織になっていくのだと思います。

売上げ連動型でモチベーションを育て、維持する

ウチの流儀
組織を強くしていくためには、店舗間のつながりの強さと給料をいかに多く出せるかがポイントです。

マネージャー 宮本 堅太【みやもと けんた】

営業職だった会社員時代にさまざまなエリアのラーメンを食べ歩く。30歳のとき、ラーメン業界で生きることを決意。通っていた店の齋藤社長に会いに行き、「会社を辞めてきました！」と言い、即採用。その後、社長と2人でひたすら働く。店の人気が高まり、2号店、3号店と展開し、その後統括マネージャーとして本領を発揮。人事、採用、出店計画、マネージメントなど、社長と二人三脚で会社を支える。

ウチは結婚率がとても高くて、ほとんどの社員は結婚して子どももいます。家族がいるとお金がより重要なので、給与面を重視しており、基本給はありますが、そのほかに売上げ連動型で給料が上がるシステムにしています。

具体的には、全店の総売上げの25％前後を人件費にあてているので、売上げが上がれば皆の給料がバンバン上がっていく仕組みです。通常、飲食の人件費は30％ほどなので、25％前後でも給料が高くなるのは、少数精鋭の組織になっているからだと思います。

また、店舗ごとではなく全店売上げ連動型にしているのは、店によって繁忙期の忙しさがまったく違うので、各店舗からスタッフがいろんな店にヘルプに出られる協力体制を作っているからです。

運命共同体の組織作りを徹底し、利益を社員に還元

こうすることで、ウチは各店のスタッフ同士の仲がとてもいいんです。もし、全店連動型にしないと、気持ちよくヘルプに出るという流れが作れなくなり、さらに、店舗間競争をすると、売上げの良い店舗に行きたい人が出て、人材異動がしにくい状況になります。

東京スタイル味噌ラーメンのパイオニア

ポイント **だから、組織は運命共同体にしていくことが重要です。「売上げが上がっているのに、給料はこれだけ！」と思うとモチベーションも下がるので、「今月はこれだけ売上げが出たから、給料も上がった」ということを明確にするのが大事です。**

それに、一般の会社はボーナスが年に2回出る場合が多いですが、ウチは、毎月の給与に歩合人件費というかたちで上乗せしています。スタッフが「やったかいがあった！」と感じるタイムリーさも、ポイントだと思います。

キノギンの目線

「店舗展開は人材がすべて」と、どの店主様も言われます。[ど・みそ]さんの場合は、さらに組織を強くするための給与システムになっていることが、多くのラーメン屋さんから注目される所以なのでしょう。

スタッフの労働環境と待遇の向上が売上げアップに

麺《めん》や拓《たく》

大阪府大阪市

店主　森口　拓郎

皆の〝豊〟を考えて、営業時間と勤務体制を見直す

店の売上げが上がって忙しくなり、スタッフが増えてきたとき、皆のやる気の向上という点で、つまずいている感がありました。

それをどう改善しようかと考えたとき、僕の中にあった1つのキーワードが〝豊〟だったんです。〝豊〟とは「心、体、お金」の3つがしっかり安定していたら、人間の精神状態のバランスがとれて豊かになるのではないかということです。

独自の方法

それで、休みを増やすことにしました。ラーメン屋は体力勝負なので、一日ずっと働いているのに、休みが週1回だと、体を休めるだけになる。だから、休みが終わると、また仕事が始まるという負のスパイラルになってしまうんです。

PROFILE【もりぐち たくろう】
地元・島根から大阪の調理師学校に行く。卒業後、中華料理店、居酒屋で働くうち「何かしなければ」と思い、1品で勝負できるラーメン業界に入る。50店舗以上のラーメンを食べ歩き、惚れ込んだ[麺や輝]にて25歳で修業を開始。その後、島根に帰ってラーメンを作るも、うまくいかず、再度[麺や輝]の門を叩き、再修業。30歳で独立開業し、独自のダブルスープを開発して人気店になる。3店舗を展開中。

そこで具体的な対策として、店を無休にして二交代制にし、皆で交代しながら店を回していくことにしました。

オープンした頃は、休みを週1回にして、自分たちもその日に休んでいました。営業日は午後3～5時までの中休みはあるんですが、働く人は一日中ぶっとうしで店舗で働くというスタイルでした。

休みを増やし、諸手当や自力ボーナス制度も導入

二交代制にしてからは、営業時間を朝11時～夜12時までに伸ばし、その代わり、仕込み担当を朝と夜で分けました。

店が無休になり、営業時間が伸びたこともありますが、その頃からスタッフの皆に心の余裕ができてモチベーションが上がってきました。やる気が出たことが大きな要因となり、売上げが毎月どんどん上がり、今でもずっと上がっています。

無化調スープと自家製麺のラーメンが評判を呼ぶ

売上げアップ

しかも、売上げが上がることによって、スタッフの皆のやる気も上がり、好循環になっています。売上げは、週1回休みのときに比べて1・5倍くらいにアップしました。

スタッフの休みも月6回になり、基本的に週1回の休みにプラスして、ほかの休みは自由にとれるようにしたことで、まとめて二連休にしている人もいます。年1回くらいは旅行にも行ってもらえるようにし、明らかに売上げが上がっていきました。

オーナーとして経営を行い、儲かり具合や貯まり具合がわかってくると、貯め込むのはすごくせこいと思うようになったんです。だから、がんばっている皆に還元し始めました。さらに、家族や子どもがいるスタッフはいろいろお金がかかるので、「家族手当」や「子ども手当」を充実させ、〝豊〟を重視しています。

有給休暇&自力ボーナスの独自の制度を導入

最近、新たな制度を導入し、月6回の休みを4回にし、年間の有

労働環境を整えることで売上げもアップ

給休暇を36日にしました。月6回の休みだと、「取りあえず休んどこう」という、ネガティブな休みの取り方になりがちでした。

そこで、「もっと働きたい」という人もいるので、一年を通して36日の有給休暇を使わなければ、ボーナスとして返すという仕組みを導入したのです。こうしたことで、スタッフのほとんどが週1回しか休みをとらずに働いてくれ、自力ボーナスという仕組みにしてから
も、売上げがさらによくなっています。

ポイント

スタッフが一緒に働いてくれてこそ、ラーメン屋を経営していけ、商売繁盛にもつながります。労働環境や待遇面の改善は売上げアップのために一番重要なことで、試行錯誤しながら進化させることが大切だと思います。

キノキノの目線

最近はスタッフさんへの労働環境や待遇がよいラーメン屋さんが増えており、そういう店は雰囲気も接客もとてもよく、店全体の調子の良さを感じます。それがお店の評判と業績アップにつながるのでしょう。

働く側のニーズに合わせた組織作りで店舗を展開

彩色《さいしょく》ラーメン きんせい

大阪府高槻市

店主 中村 悟

弟子とスタッフで雇用体系と組織を分ける

弟子とスタッフの2つに分けて、採用と組織作りをしているのが、「きんせい」の特徴だと思います。その理由は、面接で「今からラーメン屋をやってもなかなか儲からないよ」と伝えても、それでも修業したいという人材が働きに来てくれるからです。

しかし、やはり夢と現実のギャップはかなりあるので、熱意があっても、「将来はラーメンで独立してやる」という相当な覚悟がないと、なかなか仕事が続かないわけです。

だから、本気で独立を考える人は弟子という扱いにしており、つねに自分の下についてもらい、組織には入れていません。

PROFILE【なかむら さとる】

23歳でラーメン業界へ。大手ラーメン事業部の管理職になるが、馴染めず退職。31歳で妻と二人で中華料理店を開業するも、物件のガス容量の問題で中華料理ができず、ラーメン屋として再出発。最初は普通の豚骨ラーメンを出すが、すべて手作りのラーメンに改良。そこで最初の客が離れ、厳しい状況が1年続く。その後、追求を重ね完成した「燻製鶏塩ラーメン」が大ブレイク。行列店となり、今は10店舗ほどを経営。

独自の方法 **弟子もスタッフも両方とも雇用関係にありますが、組織はスタッフだけで作っており、雇用体系も弟子とスタッフで分けています。**

社内体制も、弟子は「有限会社きんせい」、スタッフは「株式会社きんせい」の2つの会社から成り立っています。

弟子扱いの採用の場合、本気で修業をして独立したいという夢や目標が明確にある人たちなので、お金も最低賃金で働いてもらっています。その代わり、音を上げない限りは、最後まで面倒をみるというスタイルを取っています。

弟子は、給料や福利厚生などではなく仕事を覚えたい想いが強く、ハングリー精神に満ちています。スタッフと同じ扱いにすると、ぜんぜん方向性が違ってしまいます。

ウチの流儀 **別会社にすることで、雇用上の法律面にも対応できるし、働く側のニーズに合わせて、どちらかを選択できるところも、理に適っていると思います。**

最後尾まで長蛇の行列を記録した人気ラーメン店

人生設計ができる労働環境がスタッフの積極性を生む

こうすると、一緒にいることが多い弟子には、自分のスタンス、考え方、イズム（主義）を教えやすい環境を作ることもできます。

逆に、スタッフは、家族を持っていたり、将来的にラーメン店を開きたいのでお金を貯めるために長く働きたいという人たちなので、条件として、給料と福利厚生を充実した体制にしています。具体的には、スタッフの待遇は月7日の休日があり、店長クラスの給料は30万円以上で、拘束時間も1日10時間という労働条件です。

ウチは複数の店舗を経営しているので、顔を合わせることがあまりないスタッフもいます。組織のイズムを落とし込むことはなかなかできませんが、労働環境をよくすることで、スタッフは自分の考えを持って、味作りや方法でつねに積極的にがんばってくれます。

ポイント

だから、働く側のニーズやライフスタイル、人生設計に合わせた採用方法や労働環境を取り入れた会社作りも、時代に合った組織の拡大や店舗展開につながると思います。

キンキンの目線

「きんせい」さんの組織作りは、働き手のライフスタイルや人生設計に合わせたやり方であり、今の時代からすると非常に理に適った方法の一つと言えるのではないでしょうか。

暖簾分け制度で社員たちの夢を叶え、会社も成長する

塩元帥《しおげんすい》
大阪府大阪市
社長　髙橋 博司

繁盛店を社員に譲ることで信用を高める

僕が修業したラーメン屋は、かなり繁盛している店でした。自分で一から開業するのはリスクがともなうので、僕はその店を売ってほしいと思っており、それが暖簾分け制度の出発点となりました。

繁盛店を社員に譲るシステムがあると、社員たちは働きがいも、夢も持てます。だから、自分でラーメン屋の経営を始めるとき、暖簾分け制度を作ることを最初から決めていました。

信念　**店舗展開をしていかなければ暖簾分けはできないので、店を作って社員に売る、また店を作って売るということを繰り返していけば、店の皆が夢を持って幸せになれると思い、ずっとやっています。**

PROFILE【たかはし ひろし】
18歳から30歳まで30回転職を繰り返し、30歳でラーメン業界に。6年で3店舗の豚骨ラーメン屋で修業しながら、自己資金1000万円を貯める。修業中に自分の好きな醤油ラーメンを開発し、独立1号店[総大醤]を開業。味が評判となり繁盛店になる。その後、塩ラーメンを開発し、無化調のラーメンを追求。塩ラーメン専門店[塩元帥]が誕生し、暖簾分け制度の確立により、今は25店舗以上となる。

暖簾分け制度が成功する要因はいろいろあると思いますが、1つ目のポイントは「信用」だと思います。

本店や一番繁盛している店は譲らない、というふうだと、社員は絶対に信用してくれません。また、暖簾分け制度があるのに、なかなか譲ってくれないとか、売上げがよくない店は譲るけど繁盛店は譲らないとなると、社員のモチベーションは上がらず、会社の信頼はおろか、僕の信用もなくなります。

だから、僕が最初に譲った店は1号店で、2番目に譲ったのは2号店と、ほぼ順番どおりに譲っています。

ウチの流儀 **売上げが高かろうが低かろうが順番にやっているので、社員は、「本当に譲ってもらえるんだ」と信用してくれ、信頼関係が築けています。これが最大の成功要因です。**

社員が人生のビジョンを描ける働き方を提供

2つ目は、社員全員が経営者意識を持てる点だと思います。

スタッフ一人一人を大切にする体制を確立

会社の条件をクリアすれば、暖簾分けという夢が叶って自分の店を持てるので、新店をオープンするとき、店長は本当にがんばってくれます。〝自分の店〟という気持ちで店舗を運営し、気合いもモチベーションもぜんぜん違うから、どの店もよい店になり、繁盛店になるのだと思います。雇われ店長ではなく、ゆくゆくはオーナーになれ、がんばった分だけ自分が儲かりますからね。

3つ目は、［塩元帥］ではロイヤリティがなく、タレだけ指定のモノを使ってもらうだけなので、利益はすべて自分のがんばりとして手に入れることができる点です。

4つ目は、ビジョンが明確になることです。がんばって働き、暖簾分けで自分の店を持った社員は、3年後、4年後に自分の年収がいくらになっているかを明確にできます。だから、結婚できるとか、家を買えるという生活設計ができ、安心して働けます。

秘訣 **将来のビジョンを見せられないと、何を目指してがんばればいいかがわかりません。だから、明確にビジョンを示すことも、暖簾分け制度がうまくいっているポイントだと思います。**

スタッフの言葉が契機となり開発した塩系がウケる

リスクがなく夢が叶う暖簾分け制度が幸せを呼ぶ

すべてを直営店にすれば会社としては儲かるとは思いますが、そうすると店長たちは給料制となって面白味がなく、やる気もどんどん落ちるでしょう。辞めて独立を目指す人も出てくるだろうし、それで成功できるならいいですが、全員が全員成功するとは限らないのが現実です。

そうであれば、［塩元帥］で働いて、繁盛店を自分が経営者として引き継ぐほうが、リスクがなく自分の夢を叶えられます。

ポリシー

だから、暖簾分け制度は社員の夢が叶って幸せになれ、結果として、会社も幸せになれる制度だと思います。

キンキンの目線

不採算で閉店したお店はゼロで、すべて繁盛店になっている［塩元帥］さんの成功要因は、人を大事にする部分にあるのだと感じます。信じてがんばってくれる社員さんの夢を叶える暖簾分け制度が、うまく機能しています。

バックヤードを整えると、原価コストや労働時間も変わる

中《ちゅう》華《か》そば四《よ》つ葉《ば》

埼玉県比企郡

店主　岩本 和人

ストックの設備投資も売上げアップの秘訣

オープンした当初は1日60人くらいでしたが、今は平日で300人くらい、休日で350〜400人のお客様が来てくれています。そのため、当初と比べると冷蔵庫、冷凍庫のスペースがすごく少なくて、かなり買い足しました。

ウチの得意技

冷凍・冷蔵の設備が十分あれば、大勢の来客にも対応できるし、食材のストックや余った食材のキープもできます。だから、バックヤードの冷凍・冷蔵設備を整えることは、繁盛ラーメン店になるために、とても重要だと思います。

ストック設備を整えるメリットは、大きく3つあります。

PROFILE【いわもと かずと】
実家が寿司屋で、自分も飲食店をやろうと思っていた。サッカーファンであることから、日本各地の観戦時にラーメンを食べ歩き、魅了される。22歳で修業を始め、35歳で独立。埼玉県郊外という立地から、当初は友人や近所の人だけだったが、味が評判を呼び、開店4カ月で『ラーメンWalker』の表紙を飾りブレイク。遠方客も増え、1日300人を超える行列店に。醤油ラーメンを極めるため、今も日々精進中。

1つ目は、食材を大量に仕入れられるので、仕入れ原価を下げられること。原価を抑えると、一杯あたりの利益をアップできます。

2つ目は、急遽スープが足りない状況になったときにも、すぐに作り始めることができ、営業中に翌日のスープを仕込める点です。ラーメン屋さんは、朝から夜まで過酷な作業が続きます。

売上げアップ **通常は閉店時間にする仕込みを営業中にできれば、その時間も店を開けられます。つまり、その分長く営業ができ、それだけでも売上げアップにつながります。**

さらに、スタッフたちの1日の労働時間も短くできるので、肉体的な疲労や精神的な負担もかなり軽減されます。

食材をストックしておくと万一の場合も安心

3つ目は、ウチの場合は、3日分の食材をストックできる体制にしており、雪などの天候不良で届かない場合にも、安心して営業ができる点です。食材は地元から直接仕入れているので、天候不良で

バックヤードを充実させ、郊外店舗の経営を安定化

輸送がストップする可能性もありますが、3日分の食材に対応できるストッカーや業務用冷蔵・冷凍庫だけでなく、外にプレハブの冷凍庫も2つ置いているので安心です。

ウチは、1日200人を超えてきた頃に、そのプレハブを購入しました。

勝負のコツ

だから、1日200人のお客様が来るようになったときを目安に、バックヤード設備の状況を考えることは、繁盛店になっていくうえで重要だと思います。

キノキノの巨線

開業当初からストッカーなどの設備を充実すると逆にリスクが高くなりますが、お客様が増えてきた段階で、バックヤード設備にしっかり投資していくと、メリットが多いようです。

居抜き物件でも、空調設備にはお金をかけよう

味噌麺処《みそめんどころ》 花道《はなみち》

東京都中野区

店主 垣原 康

人生をかけた買物に妥協は禁物。まず空調をチェック

［味噌麺処 花道］は居抜き物件だったので、ほとんどそのままの状態でラーメン屋を始めました。その結果、いろいろなトラブルが後々起きてたいへんでした。

鉄則

だから、一からラーメン屋さんを開業する場合、厨房や内装の知識をしっかり持つことが必要です。

まず、ウチで起きたトラブルの1つ目は、空調がまったく利かなかったことです。熱量の計算ができていなくて、厨房から出た熱を外に吐き出す力がぜんぜん足りず、店内に熱がこもってしまったのです。しかも、ウチは味噌ラーメン専門店なので、中華鍋を使って

インパクトのある濃厚味噌ラーメンでファンを増やす

いることも、なかなか熱が逃げない要因でした。

ダクトがしっかり設置されておらず、カウンターからお客様のほうに熱気が流れ込み、店内は40℃を超える温度に。とても、ラーメンをおいしく食べられる環境ではありません。どんどん熱がこもり、初日に、すでにやばい状況になっていました。

途中で40万円くらいかけて少し手を加えましたが、半年もしないうちにダメになり、すっかり改善するために空調工事を依頼し、結局、２００万円の工事費がかかりました。

ポイント1

茹で麺機、寸胴、調理場などの熱源の上にフードを作り、熱気を吸い込めるようにしておきます。

プレオープンや試作する程度であれば大丈夫でも、長時間続けて使っていると、熱がこもることがあります。だから、事前に店をフル回転させて試してみるといいと思います。

また、居抜き物件の場合は、空調には最初からしっかりとお金をかけて工事することをおすすめします。

PROFILE【かきはら やすし】
初のバイト先がラーメン屋。就職氷河期で納得できる勤め先がなく、ラーメン屋で働くが、26歳でバイク事故に遭い、退社。その後、知人のラーメン屋を手伝い、20代はラーメンばかりの人生。「やりたいことをやっていると、残ったのはやはりラーメン」と気づき、30歳までの独立開店を決める。開業時は欠陥工事などのトラブルはあったが、それを乗り越え、野方の味噌系と言えば[花道]というほどの有名店に。

防水対策にも万全の注意と準備を

トラブルの2つ目は、厨房からの水漏れです。

厨房の工事は、もともとフラットな状態だった床を厨房部分だけ立ち上げ、防水と排水関係の工事で180万円くらいかけましたが、欠陥工事が発覚し、今度はそれを直すのに解体する必要が生じ、解体費用と撤去費用が100万円近くかかりました。

元からあったカウンターは、すごく丈夫なモノでしたが、防水のミスで全部腐食して使いモノにならなくなりました。

しかも、腐食している壁もぶち抜いてスケルトンのような状態から作り直すことになり、さらに200万円の費用が余分にかかるという結果になってしまいました。

最初からラーメン店の工事経験のある業者に頼む

不動産屋は工事業者をコーディネートしている場合が多いので、ウチも最初の工事は、物件仲介の不動産屋さんが知っている工事業者さんに依頼しました。

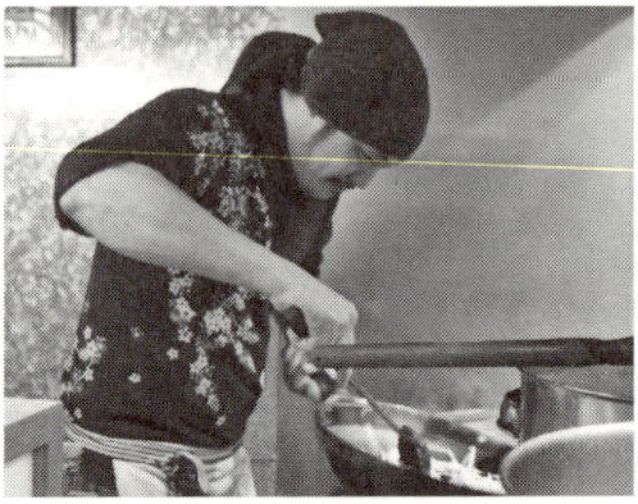

調理場の熱源を計算して空調工事を行うことが大事

注目点 **担当者はすごくいい人だったんですが、工事に関してはプロではなく、また、なるべく安くしようと思って発注したのが敗因でした。**

結局、修繕工事に入ったときは2週間くらい営業ができず、社員には休暇をとってもらい、アルバイトには、事前にこの期間は営業できないことを伝えて納得してもらいました。

やっと営業を再開すると、ありがたいことに、再オープンを楽しみにしていたお客様が多かったこともあり、それまで以上に賑わいました。もし失敗した場合、店の営業ができなくなるのに、従業員の給料、食材の仕入れ代金を払わなければならなかったのです。

売上げがでかいほどダメージは大きいので、最初からしっかりと対策をして損はありません。それを考えると、ウチは「リピーターさんに助けてもらった」と言っても過言ではありません。

ポイント2 **空調や厨房関係のトラブルは少なくないので、施工業者は慎重に選定する必要があります。ポイント**

東京都中野区野方エリアを代表する味噌ラーメン店

は、ラーメン屋さんの施工経験がある業者に頼むことだと思います。

業者さんと話し合いができるように事前に勉強

どういう工程で工事をするのか、どういう機材を使って排水・防水をやるのかなどについて質問ができるように、しっかり勉強をして知識を持つことが大事です。知識があれば業者さんとも話が通じ、会話のキャッチボールができるようになります。

ポイント3 **専門的で難しそうなことばかり言うけど、話が噛み合わない業者さんや、こちらが聞いても「大丈夫。大丈夫！」というような業者さんは危険です。**

また、費用が安いという理由で選ぶのも、避けるほうがいいと思います。

キンキンの目線

どの繁盛店の店主さんも、「厨房と空調設備にはお金をかける」という考えを持っているようです。安さよりも、ラーメン屋さんの設計・施工の経験がある信頼できる業者さんに依頼するのもポイントです。

売上げ倍増の経営術&設備

店舗展開には人材が不可欠

複数の店舗を展開するには、自分のイズム（主義）を理解し、それを受け継ぐ人材作りが重要。そのためには、給料や休暇などの労働条件を向上させ、スタッフのやる気と力を高めるのがかなめに。

人材のニーズに応じた体制作り

店舗展開をする際には、さまざまな人材が必要となる。店舗で長く働きたい人、将来は絶対に独立したい人など、働き手のニーズに歩み寄った採用スタイルや組織作りをしていくことが大切。

バックヤードの整備も考える

リニューアルや新規開業時には、繁盛した際の対応も考えておこう。とくに郊外店では、バックヤードの設備を事前に計画しておくと、食材費と人件費のコストダウン、営業の効率化などにつながる。

ハードな勤務体制を続けない

ラーメン店は体力勝負。儲かってきたら、長期的に継続する体制に整えよう。店主、スタッフともに定期的に休みを取る勤務体制を作り、売上げアップ分をスタッフにも還元することで好循環ができる。

店の設備の先行投資も必要

不振店のリニューアル時などは、コストをできるだけ抑えたいところだが、空調設備と防水対策はしっかり行いたい。安くしようとすると、あとでトラブルが出て、余分な費用がかさむ場合も多い。

第8章

イベント&コラボ力

日本全国、ラーメンイベントが大盛況。出店は知名度を上げる大きなチャンスだが、赤字などのリスクもあることを知っておこう。幅広い客層にウケる味で勝負するのが、飛躍の第一歩だ。店主同士のつながりを強めることもスキルアップにつながる。

ラーメンイベントや催事出店が店舗を強くする

ストライク軒《けん》

大阪府大阪市

店主　芦田 雅俊

イベント・催事は繁盛店への近道になる

ラーメンイベントや催事に出店することは、繁盛ラーメン店になるために重要です。たとえば、日本ラーメン協会やラーメンイベントを主催している会社もあり、いろいろなイベントや催事が世の中にはあります。

チャンスをつかむ

自分がどんどん外に出向いて交流を増やしていくことで、イベントや催事に出られるチャンスはゲットできるので、積極的に動いて交流を増やすことが大事だと思います。

イベントや催事のメリットは、出店することで全国の多くの方に

PROFILE【あしだ まさとし】
ラーメンが大好きで全国のラーメンを食べ歩く。ラーメン店開業が幼少の頃からの夢で、居酒屋の昼間を間借りして、中華そば[ぬんぽこ]を営業。その味が評判となり、甲子園開幕の日に[ストライク軒]をオープン。昔ながらの直球中華そば「ストレート」、変化球進化系そば「シンカー」の2つのメニューをウリとする。映画『タンポポ』に影響を受け、懐かしいラーメンにこだわりを持ち、全国のイベントに出店して有名店となる。

自分の店を知ってもらえ、認知度が確実に上がることです。また、成功しているラーメン店主さんたちとの交流が広がり、いろいろな情報交換ができ、自分の目標を高めることにもつながります。

さらに、店主さんたちに成功の秘訣も聞くことができ、今の悩みを解決できたり、自分の方向性なども確かめることができるので、繁盛店になるための一番の近道なのです。

スタッフも参加することで、イベントの1週間で自分がどれだけ活躍できるかはもちろん、イベントを手伝う単発のアルバイトに的確に指示を出せるか、売上げ杯数をさばけるか、POPの打ち出し方、お客様への気配りなど、通常の店舗での営業とは違う観点でいろいろな部分を意識できます。

ステップアップ

店に帰ってきたときには、客観的に自分の店を見て、「ここはできてない。ここはできている」ということに気づき、よりよい店に進化させていけます。

こういうことから、ラーメンイベントは有効な手段だと言えま

天神橋の人気店。今後、独立開業支援の夢も持つ

す。ただ、イベントに出店しまくってしまうと、資金繰りがしんどくなったりするので、リアル店舗とイベントとのキャッシュのバランスには気をつけてください。

ほかのラーメン屋の店主たちと横のつながりを持つ

秘訣 **また、店のオープン前から、ほかのラーメン店主さんとの関わりを作っておくことは、繁盛ラーメン店に直結します。**

単に一個人として「俺がラーメン屋を開業するんだ」というのではなく、「大阪の街にラーメン屋が新たにできるぞ」という意識で関わりを深めておくと、最初のスタートダッシュがぜんぜん違います。なぜなら、周辺のラーメン店主さんたちは、新規オープン時や新規店舗を出すときに、ズラッと開業祝いの花を出してくれます。

花が出ているだけで来客数は増えるし、最初から行列ができていれば、店主の人柄もお客様に伝わりやすく、安心してその店に来てくれる人は圧倒的に増えるのです。

キンキの巨縁

「ストライク軒」さんは大阪にありますが、関東のイベントにも多く出店することで、関東でも認知度をアップできているようです。

ラーメンイベントはメリットもデメリットもある

麺《めん》屋《や》 宗《そう》

東京都新宿区

店主 柳 宗紀

イベント出店で100万円の赤字を出す可能性も

ウチはイベントや催事に頻繁に出店しており、そのメリットは大きいと考えています。

イベント出店の始まりは、バイヤーさんが直接、何度かラーメンを食べに来てくれ、その後「出店してもらえませんか？」という連絡をもらったのがきっかけです。イベントに出店して売れていれば、そこにバイヤーさんやイベント会社の人も見に来ているので、「お！　この店売れるじゃん」と思ってもらえ、次のイベントにも声をかけてくれるなど、出店の連鎖につながっていきます。

イベントのメリットは、百貨店さんに呼ばれるとハクがつくだけでなく、百貨店側がチラシを何十万部と配るんですが、それを個人店ですることは絶対できないわけです。イベントの規模によって枚

PROFILE【やなぎ むねのり】
学生の頃からラーメン好きで、友人と「2年後に一緒にラーメン屋台をやろう」と約束し、卒業後、渋谷のラーメン屋で働き始め、店長、スーパーバイザーと昇進。が、その友人が事故死。友人の夢も叶えるために物件探しを始め、数十件から高田馬場の物件を選び開業。当時は珍しかった女性にウケるおしゃれなラーメン屋をコンセプト展開してブレイク。今は4店舗を持ち、全国のイベントでも人気。

数は変わりますが、40万部くらい配ってくれる場合もあります。

ポイント **こちらは一切その広告費にお金をかけなくても宣伝ができ、地方に行って名前も売れるので、認知度が上がって有名になるというメリットは大きいと思います。**

ただ、イベントで1日2000杯売れる店もあれば、500杯程度しか売れない店もあり、売る技術を持っている店ならいいですが、そうでない店が出店すると、1回で100万円近い赤字が出るケースもあります。

注目点 **単にイベントに出たいという気持ちだけで出てしまうと、失敗したときに怖いので、数字を読んで慎重に出なければならないと思います。**

イベントの客層によってウケる味が違う

売れる店と、売れない店の違いは人気度もあると思いますが、別

女性にウケるおしゃれなラーメン屋がコンセプト

の要因も考えられます。たとえば、百貨店だと圧倒的に年輩の方が多いので、ラーメンの情報を知らないケースがあり、有名店というのは重要な要素にならない場合もあるのです。

また、濃厚なラーメンや個性的なラーメンは若い人が来るイベントではいいですが、年輩の方はあまり食べないし、1口2口食べて残して帰ってしまいます。

秘訣

ウチではあっさり系のラーメンが百貨店の催事で当たりました。なので、百貨店などではあっさり系がマッチするというような、ニーズとのバランスも意識しなければなりません。

地方のイベントの場合も、1時間も並んで食べるのに、わざわざ当たり外れがある個性的なラーメンを冒険して食べようと思うお客様は少ないわけです。だから、そういうイベントでは、「北海道味噌ラーメン」というような、わかりやすさが大切です。

お店で出していて人気のトリッキーなメニューは、店で出すぶんには、常連さんが理解して食べてくれるからいいですが、まったく

全国のイベントや催事でも活躍する

知らない土地ではそうはいかないので、お客様に伝わりやすいラーメンであることも必要かもしれません。

仕込み量、資金繰りなどをよく考慮して行う

イベント出店のデメリットとしては、お店を休んで行かなければならない場合が挙げられます。また、「このイベントは売れる」という過去の実績をもとに予想し、かなりの量の材料を用意したのに1日1000杯くらい余ったとすると、その材料費がロスになるので、慎重に出店する必要があります。

実際、イベントで失敗を繰り返し資金繰りがきびしくなり、お店が傾いたという話を聞いたこともあります。ウチでも、赤字が出るなどの失敗を繰り返しながら、毎回ブラッシュアップしています。イベント出店の経験をもとに、やり方を改善していくことも重要です。

キンキンの目線

イベント出店は売れてすごく儲かるイメージがありましたが、裏側では見えないたいへんさもあるようです。出店時は、事前にしっかりと作戦を考え、良い結果につながる対策をすることが大切なのでしょう。

ラーメンイベントがリピート客作りにつながる

フスマにかける 中崎壱丁《なかざきいっちょう》

大阪府大阪市
店主 実藤 健太

イベントはお客様とのコミュニケーションツール

積極的にお客様と接点を持つことと、飽きさせない工夫をすることでリピート率を上げることができると思います。そのためにウチがやっているのが、ラーメンイベントや催事に出店することです。イベント出店があると、その前に来てくださるお客様から「イベント、がんばってきてね」と言ってもらえたり、イベントが終わったあとにも「この前のイベントはどうだったの？」というふうにコミュニケーションが増えます。

ポイント

なので、イベントはお客様との距離を縮め、リピート率アップにつながるツールになります。

PROFILE【さねふじ けんた】
ラーメンが好きで、20代前半に雇われ店長としてラーメン屋で働く。その後、和食やイタリアンを経験し、一番好きなラーメンで勝負しようと27歳で独立開業。オリジナリティのあるラーメンにこだわり、イタリアンの経験を生かした貝ダシを使ったラーメンがブレイク。小麦粉の「ふすま」という部分を採用した店名、こだわりの麺、鯛節スープなども評判を呼び有名店に。全国のイベントに出店し、ファンを増やす。

基本的に、普段はお店だけでお客様に会うわけですが、お店以外の場所で会うと、いつも以上に距離が近くなるという効果もあります。ラーメンのイベントもそういう効果が確実にあり、違う場所でウチがラーメンを出しているからということで、お客様が来てくれると、お店よりイベントのほうが距離が縮まって、しゃべりやすい空気感になります。しかも、イベントが終わったあともお店に来てくださって、イベント時の話で盛り上がったりもします。

イベントはコストがかかって利益が残りにくいため、あまりお金をかけにくいですが、イベントで提供するラーメンも、クオリティの高いモノを心がける必要があるのです。

イベントに出てうまくいかず赤字になる店もあり、それをきっかけに出店しなくなるケースも少なくはないです。

戦略

しかし、イベントをお客様とのコミュニケーションの場と考え、イベントのお客様に店舗に来てもらうリピート戦略と捉えることが重要だと思います。

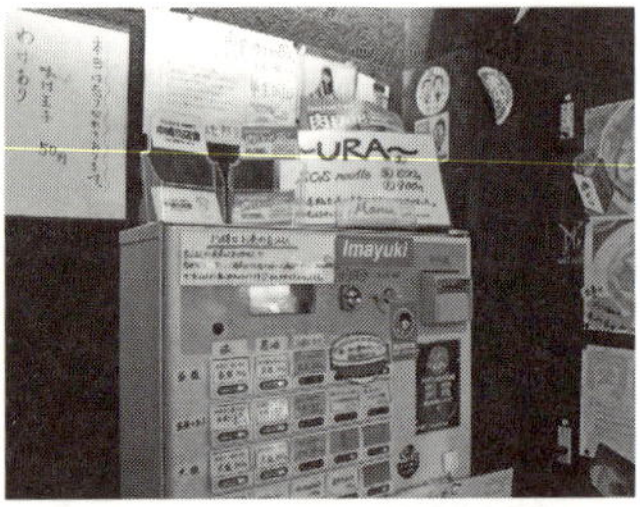

多い日には1日200人以上が来店する有名店

店の常連さんとの距離を縮める好機にもなる

イベントは新規客への宣伝効果という部分もありますが、店舗に来ていただいているお客様とのつながりを強くしていく意味合いも強いです。だから、イベントではラーメンを作りながらお客様を見て、店舗の常連さんを見逃さないようにすることも大切です。

イベントに常連さんが来てくださったら一番テンションが上がり、声をかけたくなるので自然と声も出て、普段は無口で黙々と食べているお客様でも、笑顔で声をかけてくれることも多いのです。

客をつかむ

その結果、お客様とのコミュニケーションが広がり、次に店に来てくれたとき、「こないだは、ありがとうございました」と挨拶するきっかけになり、距離が縮まるサイクルが作れるのです。

キンキンの目線

イベントはお客様からしてもスペシャル感のある雰囲気だと距離が縮まることにつながり、それがリピート率アップに結びつくのでしょう。

店主同士が切磋琢磨し、自分も商品も進化する

ラーメン屋《や》 トイ・ボックス

東京都荒川区

店主 山上 貴典

個店の店主同士がつながり、情報交換の場を作る

ラーメン店主同士のネットワークを作ることは、繁盛店になるためにとても有効だと思います。

［ラーメン屋 トイ・ボックス］は今、ほかのラーメン店主5人（現、店舗数は9店舗）と一緒に「ワークショップ」という会を作っており、毎晩ラーメンについて語り合い、長い日には朝10時〜夜2時くらいまで、ずっとラーメンについて話していることもあります。

話の中身は、「この調味料はいい」とか、「どこ産のガラはいい」などラーメンのクオリティを上げていくための内容が多いです。ほかの店のメンバーが勉強したことを語り、自分が試したことを伝えるというように情報を共有しています。

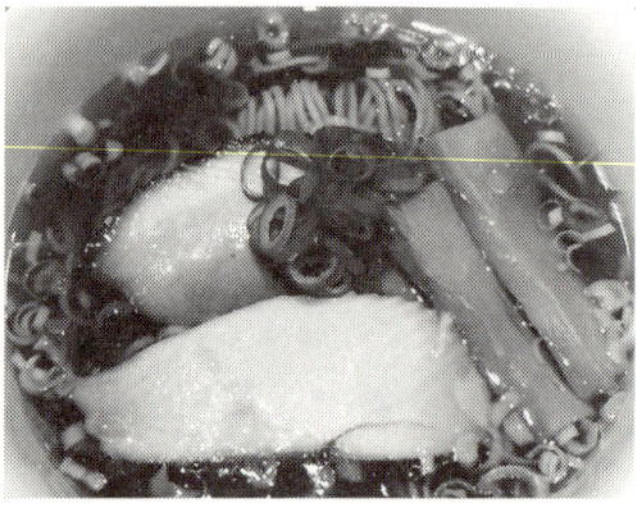

三ノ輪のランドマーク的なラーメンを提供

ステップアップ

一人で取り組んだら何年もかかるようなことでも、毎日何時間もやりとりしていれば、短期間で膨大な情報が蓄積されて、各々のラーメンがどんどん良くなっていきます。

もし、現在のメンバーの誰か一人でもいなかったら、どの店も今の商品はできていないと感じるくらい、各店のラーメンは、日々クオリティの高いモノに進化していると思います。

コラボイベントのPR効果も繁盛店につながる

「ワークショップ」では、一つの店に各店舗が集まって、限定ラーメンのコラボイベントを開催しています。共作したラーメンをお客様に提供できる場として、とてもいい機会だと思います。

「ワークショップ（研究会）」という名前のとおり、研究成果を発表する場として、お客様にラーメンだけでなく、自分たちの考え方もダイレクトに伝えられます。来てくださるお客様にも、喜んでいただけていると思います。

PROFILE【やまがみ たかのり】
建設業で働いていたが、「自分がやりたいことをせずに死ぬのは嫌だ」と思い、ラーメン屋を志す。32歳のとき、食べ歩きで衝撃を受けた店で働き始め、6年間で数々のお店で勉強し、3カ月の間借り営業を経て、39歳で独立。オープン景気後に一時売上げが落ち込むが、メディアに取り上げられ、今はピーク時に8席で20回転する繁盛店になる。

こうしたコラボ企画に参加すると、店主同士が一つの店で一緒に仕事ができるのが楽しいし、刺激になるのが一番のメリットです。

売上げアップ

コラボの日はかなりの行列ができ、その行列を見たお客様が次の日に来店してくださったり、自分の好きなお店の店主が仲良くしているお店に行きたいと思う方もいます。

コラボでの売上げは、すべて開催店の売上げになり、原材料費は各店に返してもらう仕組みです。毎回一店舗ずつローテーションで開催しており、ラーメン一杯の価格設定も1000円と決めています。スープを作れる量のMAXも各店ほとんど同じなので、まったくお金でもめることはありません。

目新しさ

だから、こういう研究会を作ることで、お互いが切磋琢磨して成長していけるメリットは大きいと思います。

刺激し合える仲間がいて、それが自身の仕事にもつながる、そんなチームや会を作るのはとてもいいです。自分自身もこの「ワークショップ」に助けられているし、参加してよかったと思っています。

キンギンの目線

ラーメン屋さん同士で会を作るのは、情報交換やいろいろな広がりのメリットがあると思います。何よりも、自分の成長やスキルアップ、商品力アップにつながれば、繁盛店への近道にもなるでしょう。

column

不振店の再生、新規開業に役立つ
キンキンラーメン道のワンポイント・ノウハウ

イベント&コラボ力

客層を見据えて商品を決める

イベントにどのようなお客様が多く来場するか、そこではどういうラーメンが売れるかをしっかり考え、商品を準備する。デパートなどでは年配者の来場が多く、あっさり系がウケる傾向がある。

イベントでチャンスを広げる

ラーメンイベントや催事に出店し、有名店の店主たちや業界関係者との人脈を広げることは繁盛店になるための要素となる。出店のオファーを得るためには、評判を呼ぶ独自の味で勝負すること。

店主同士のコラボの会を作る

店主一人や数人のスタッフで経営を続けていくと、袋小路に入り込むこともある。同じ仕事を一生懸命やっている店主仲間たちがいると、心の支えになり、情報交換や技術交換なども行える。

自店のお客様との交流も増える

イベントや催事は、リアル店舗のお客様との距離を縮めるのにも役立つ。自店では話す機会がなかなかとれない場合も、イベントだと話題が増えたりして交流が深まり、リピート率アップにもつながる。

出店にはデメリットもある

イベント出店のメリットが大きいのは確かだが、儲かるというイメージだけで出店すると危険。出したラーメンの味がイベントの客層にウケないと、赤字になる場合もある。出店前のリサーチが重要。

店舗展開の一つの方向性
——味のブレをなくす方法

店に人材が足りない場合、外部業者に協力してもらうのも一つの方法です。

オリジナルのかえしダレ作りを発注できる

店舗展開には味をブレなく作る人材が必要ですが、昨今は飲食業界全体が人手不足で、さらに、味を受け継ぐ人材を育てるのには時間がかかります。店舗展開をするにはいろいろなやり方があり、自店ですべてを行うのではなく、**外部の協力業者さんと一緒に取り組んでいくことも選択肢の一つ**となります。

ラーメンのかえしダレの仕込みはとてもたいへんで、味がブレやすく、店舗展開をしようにもなかなか難しいという相談をよく受けます。

確かに、1店舗分の仕込みであればさほど味のブレはないでしょうが、3店舗、4店舗と拡大していくと、各店の仕込み担当者によって味が変わったり、仕込む量が増えることで、味のブレが目立ってきます。そうなると、同じブランドで店舗展開した際に、

「本店はおいしいけど、あそこの店舗はおいしくない」というような噂が立つなど、何らかの支障が出ないとも限りません。

そんなとき、**オリジナルのラーメンのかえしダレを専門に作っている会社に協力を依頼**するという手もあります。店で作っているかえしダレと同じ味を再現でき、味がブレることなく大量に発注できるので、チェーン店化を図る際の選択肢の一つになるでしょう。

ラーメンスープも外注で作れる

仕込みで一番手がかかるラーメンスープは、毎日、味をほぼ同じように炊くこともたいへんですが、光熱費、残渣の廃棄費、人件費などかなりの費用がかかります。

さらに、スープを炊けるような人材を育てようとしても、作業のたいへんさから途中で辞めてしまう人も多く、店舗を拡大しようにもなかなかできないこともあります。スープを炊く際は、ずっと寸胴につきっきりの状態で、何度も繰り返してスープの具合を見る必要があるので、非常に重労働です。

かえしダレと同様に、オリジナルのラーメンスープを外注で作ることができる専門のラーメンスープメーカーがあります。そこを**セントラルキッチンとして活用する**と、仕込みの簡略化を図れ、店舗展開が容易にできるようになることも知っておくとよいでしょう。

新店舗の物件選びと業者選び

この本にある既存店を繁盛させるノウハウは、新規開業時にもあてはまる内容です。ここではそれらに加えて、新店舗をオープンする際の物件選びと業者選びのポイントを紹介します。既存店をリニューアルするときにも役立ちます。

物件選びは徹底的に調査して妥協しない

繁盛店の店主さんたちは、物件選びにかなり注力されています。何十件と物件を見に行き「ここで商売をしたい！」とピンときた物件やフィーリングが合う物件を選ばれている場合は、成功している確率がとても高いのです。また、物件を決める前に1〜2週間かけて、店の前の交通量や駅からの距離、学校や大学があるか、ベッドタウンかどうか、どんな客層が多いかなどを**慎重に調査し、その客層に合った商品を提供している場合は、もれなく繁盛店に**なっています。

逆に、ほかに物件がなかったから仕方なくこの物件に決めたという場合は、やはりうまくいっていないケースが多いです。

つまり、ラーメン屋さんの開業時は、物件選びにどれだけ時間と労力をかけるかによって、成功するかどうかが大きく左右されます。

エリアや沿線を決めて周辺の特徴を調べる

物件選びのポイントは、まず自分が店をやりたいと思うエリアと沿線を決め、自転車や車でその場所を回り、ほかにどんなラーメン屋さんがあるか、どんな客層がいるかなどを調べることです。店の近くに駐車場があるかどうかも、チェックしておくとよいでしょう。

また、ラーメン店独特の特性なのですが、駅前立地が必ずしもよいとは限らず、**メイン通りから一本入った路地裏立地でも、繁盛店となる場合も**あります。腕に自信がある人は、家賃の高い駅前や繁華街などの一等立地をはずして、二等立地や三等立地を選択肢に入れてもよいでしょう。

勝負するラーメンの特徴も早めに決める

ただ、ガッツリ系のラーメンなら若い学生やサラリーマンなどの男性が多いエリアが向き、あっさり系のラーメンなら幅広い層に来てもらえる立地が当てはまるなど、**どんなラーメンで勝負するかによっても立地の選び方は変化**します。そのため、まず自分が勝負したいラーメンの味の方向性や特徴を決めることが重要です。

また、店の運営をどのようにしていくかも、あらかじめ考えておく必要があります。

一人で店のオペレーションを回す時間があるのであれば、カウンターだけの10坪程度の物件を選ぶほうが効率が良くなります。ラーメン業界に強い不動産屋さんがあるので、そういう不動産屋さんに相談しながら、具体的な物件を選ぶとよいでしょう。

店舗設計・厨房設計のポイント

作業性を向上させる

今のラーメン屋さんでは製麺機を入れて自家製麺をしたり、セントラルキッチンでスープ作りをして店内では炊かない場合があったり、ガスを使わずにＩＨを使用する場合もあり、それぞれのやり方に合わせて厨房・内装設計は大きく変わります。

また、どんなラーメンを出すのか、どんなメニュー構成にするのかによっても厨房設計が違ってきます。そのため、作業性に大きく影響を及ぼす**厨房レイアウトは、慎重に設定する**ことが大切です。

たとえば、火をガンガン炊く豚骨ラーメンであれば、寸胴のスペースを考慮して、厨房のレイアウトを大きめに取っておくほうが効率的です。サイドメニューを展開するのであれば、２人で調理できるようなレイアウトにしておくことも、効率を上げるためには重要です。

給排気には細心の注意を

ラーメン屋さんにとって最も重要な給排気設備については、**物件選びの段階から慎重になる必要**があります。

排気フードをつけて、壁越しに直接大きな換気扇を取りつけ、そこから吐き出すようにすれば排気もしやすく、工事も安価にできます。しかし、市街地などではビルが隣接していることが多く、直接吹き出しができる物件はなかなか見つかりません。たとえば、隣接した建物がある物件では、ダクトを屋上まで引っ張る必要があり、別途費用がかかってしまいます。

そのため、物件を選ぶときは、換気は吐きっ放しでいけるのかどうか、あるいは近隣に迷惑になるので、ダクトを建物上階に引っ張って排気するのかなども、必ず確認しておきましょう。

それを怠った場合、せっかくいい物件が見つかったと思っていても、あとでラーメン屋特有の臭いなどの排煙が原因で、近隣からのクレームとなる可能性もあります。

ガスの使用容量を確認

ラーメン屋さんは、他の飲食業よりも多くのガスを使います。そのため、**ガス管の太さがその使用量に耐えられるかどうか**を、事前に確認しておく必要があります。

さらに、サイドメニューとして餃子やチャーハンなどを提供する場合は、ガス容量が足りなくなり、ガス管を新たに引き直さざるを得ない可能性が生じます。万が一、ガスを掘削する場合は費用が膨大にかかるケースもあるので、注意が必要です。逆に、プロパンガスを使用するなど、導入コストを抑える方法も考える必要性があります。

ガスに関する知識がないまま準備を進めると、無駄な出費を招いたり、追加の工事費が膨大になったりするので、事前確認をきちんと行いましょう。

防水工事もぬかりなく

ラーメン屋さんは、湯切りをしたり、水をたくさん使用して床清掃をするので、**厨房の防水も重要**になります。

防水費用を抑えようとすると、客席に漏れないよう立ち上がりだけの防水にされることもあります。その場合、平場に防水をしていないことで、下の階などに漏水し、トラブルの原因になります。さらに、下の階がほかのテナント等であれば、営業補償で莫大な金額を支払わなければならず、それで資金繰りがきびしくなり、店がつぶれてしまうケースも実際にあります。

万が一、最初から設計・施工の詳細を理解せずに工事を行ってしまうと、後々修繕を繰り返すことになり、結果的にお金が余分にかかってしまうのです。

また、下水は、パイプが太いのか細いのかをチェックしておく必要があります。とくに、動物性の脂をたくさん使う豚骨スープの場合は、配管が太いかどうかも確認しておくとよいでしょう。

資金計画は早めに進める

内装・厨房設計・施工にどれくらい資金をかけられるかということも、しっかり把握しておく必要があります。

たとえば、通帳内の貯蓄資金だけでなく、借入しようとすると、いろいろな資料が必要になり、家賃、施工金額、厨房機器の金額などの見積り資料がないと、銀行や金融公庫は相談にのってくれません。つまり、店を開業するには、**どれくらいの総予算になるかがわかる資料があらかじめ必要**となります。

すべての資料を用意して融資の審査をしてもらい、通常、その約1カ月後に融資がおりるかどうかの結果が出るので、そのタイミングで物件を押さえられるかどうかも重要なのです。

店のデザイン性と機能性

内装のデザインは、自分が理想とする仕上がりに近づけることが意外と簡単です。そのため、**まず厨房のレイアウトをしっかり作り**、そのうえで、内装デザインを落とし込むという流れが一番いいでしょう。

工事金額に対して、内装工事と呼ばれる項目はおおよそ5割前後です。また、使用する部材での金額差はほとんどの場合は、あまり大幅ではありません。ですから、厨房設備を含む設備工事次第で総工費が大きく左右されると言っても過言ではありません。厨房をベースに店作りをしていくことも、一つのやり方です。

看板にはコストをかける

ラーメン屋さんの場合、看板は集客の大きなカギとなります。

「今日は何を食べようかな……」と思って歩いている人には、100mほど手前で自店の存在を認識してもらうことが重要です。通行客が自店のお客様になるかどうかは、7秒前が分岐点になると言われます。

ただし、屋号は大きくしすぎないように気をつけましょう。一番大切なのは、**〝ラーメン屋がある〟ことを瞬時にわかってもらう看板**にすること。名前が知られている店舗でなければ、初めて来店する人にとって屋号はどうでもいいのです。それよりも、自分の食べたい料理がある店かどうかが重要です。

既存店でも看板をリニューアルすると、1週間ほどでお客様の流れが変わる例がほとんどです。店をやるということは命をかけているということ。看板にも、命をかけるくらいにお金をかけましょう。

失敗しない業者選びはここをチェック

ラーメン店施工の専門性

施工業界の現状では、大きく分けて**施工主体の工務店と、設計・施工を一貫して行っている内装業者の二通り**あります。工務店は厨房設計がわからない状態で設計を進めるケースが多く、厨房機器のレイアウトが決まったあと、実際に施工する際に、給排気設備や防水などの問題点が現れるため、トラブルが起こる可能性があります。

そのため、工事と厨房機器の両方の知識と経験がある業者に依頼すると、設計から施工がスムーズに進みます。

とくに、ラーメン屋さんの場合は、ほかの飲食店と比べると特殊な部分が多く、ラーメン店独特の内装・厨房設計・施工のやり方を知らない業者も少なくありません。

たとえば、熱器具の後ろにステンレスを配している店が結構ありますが、これは、ステンレスが防火や耐火に向くと思っている業者がいるからです。しかし、じつは熱源が強い場合、ステンレスは火を通します。このような知識を持っているかどうかも、業者を見極めるために、事前に確認しておく必要があります。

フィーリングが合うこと

専門知識や経験があることも大事ですが、業者選びで一番ポイントにしたいのは、自分とフィーリングが合うことです。総合的に考えると、見積り金額が高い安いよりも、自分と感覚が合うかどうかのほうが大切です。

基本的に業者さんは仕事がほしいので、良いことしか言わない場合が多いですが、プラス点よりも積極的に**マイナス点や注意点を指摘してくれる業者**のほうが、より良い結果につながります。何社か話を聞くなかで、自分とフィーリングが合う業者に出会えたら、一社に絞って相談し、依頼するとよいでしょう。

分離発注はひかえたい

施工には、エアコン屋さんと電気屋さんを別々に発注したり、内装工事を別会社に発注するという方法もあります。**コストは若干安くなりますが、こうした分離発注はおすすめできません**。機器が故障したとき、どこに責任が発生するかが不明瞭になり、修理の対応が遅くなるなど、トラブル発生時に店の営業に支障をきたすケースがあるからです。

また、べらぼうに安い工事業者の場合には、見積り内容をしっかりチェックしましょう。依頼者側は「この業者に任せれば開業まですべてできる」というふうに思うかもしれませんが、安価な場合、必要項目が入っていないケースがあるからです。

業者側は全体の必要事項を理解はしているのですが、「ガス工事は別途」「消防の検査は別途」などの項目を明記すると、あとで多くの費用がかかりそうなイメージを与えてしまうので、わざと書かない場合があります。そのため、「ガス工事は別途」「消防の検査は別途」などの項目を細かく見積りに記している業者さんは、後々どういう費用が発生するかをよくわかっているので、ラーメン業界に詳しく良心的だと言えます。

　また、厨房機器に詳しくない業者が見積りをすると、設備機器に関わる金額が入っていない場合があります。蛇口を何個つけるか、店内の空調は何馬力必要か、ガスを何メーター回すかなどの専門的なことがわからないため、見積りを出せないわけです。そのため、厨房機器まで図面に落とし込んだ見積りは当然高くなりますが、入っていない場合は安いので、その点のチェックも重要になります。

取材協力

看板制作 株式会社エスビジョン エンタープライズ インプレッセ マーケティング事業部 チーフ・宮嶋正憲	大阪府堺市北区百舌鳥赤畑町 1-34-8
たまり醤油、加工調味料製造 株式会社ヤマミ醸造 営業部・坂田 高志	愛知県半田市港町 3-106
業務用ラーメンスープ製造 株式会社ケイトー 代表取締役・宮沢大輔	岐阜県瑞浪市明賀台 1-1
店舗設計・施工、厨房機器販売 株式会社ケーピーコーポレーション 代表取締役・殿村竜太郎、専務取締役・塚本裕介	千葉県松戸市小金きよしヶ丘 4-3-11
店舗デザイン 株式会社 SHIITA（シータ） 代表取締役・濱田琢磨、商空間事業部・中野 般	神奈川県横浜市都筑区茅ヶ崎南 5-19-23 喜三義ビル 2F

ページ	店名	所在地
112	地球の中華そば	神奈川県横浜市中区長者町 2-5-4 夕陽丘ニュースカイマンション 101
114	麺屋 翔	東京都新宿区西新宿 7-22-34
118	鶏喰～ TRICK ～	神奈川県横浜市南区吉野町 4-20
120	青二犀	大阪府吹田市末広町 21-53
第 5 章・繁盛する販促の裏技		
124	MENSHO TOKYO	東京都文京区春日 1-15-9
128	麺屋一燈	東京都葛飾区東新小岩 1-4-17
132	人類みな麺類	大阪府大阪市淀川区西中島 1-12-15
135	麺屋 優創	東京都新宿区百人町 2-19-11 サニーコープ エトナ 1F
138	らーめん専門店小川	東京都町田市小山町 4409
141	麺屋 KABO ちゃん	東京都北区西ヶ原 1-54-1
144	いつ樹	東京都青梅市新町 5-3-7
第 6 章・心をつかむ接客		
150	ラーメン荘 歴史を刻め	大阪府大阪市東淀川区下新庄 5-1-59
154	麺や輝	大阪府大阪市東淀川区菅原 4-1-32 サンハイツ大阪屋 1F
157	カドヤ食堂	大阪府大阪市西区新町 4-16-13 キャピタル西長堀 1F
160	麺乃家	大阪府大阪市中央区上本町西 5-1-6 寛永ビル 1F
第 7 章・売上げ倍増の経営術＆設備		
166	東京スタイルみそらーめん ど・みそ	東京都中央区京橋 3-4-3 千成ビル 1F
170	麺や拓	大阪府大阪市西区北堀江 3-5-2
174	彩色ラーメン きんせい	【高槻駅前本店】 大阪府高槻市北園町 18-1 コーケンビル 1F103 号
178	塩元帥	大阪府大阪市淀川区木川東 3-6-24
182	中華そば四つ葉	埼玉県比企郡川島町伊草 298-20
185	味噌麺処 花道	東京都中野区野方 6-23-12
第 8 章・イベント＆コラボカ		
192	ストライク軒	大阪府大阪市北区天神橋 5-8-8
196	麺屋 宗	東京都新宿区高田馬場 1-4-21 サンパークマンション高田馬場 1F
200	フスマにかけろ 中崎壱丁	大阪府大阪市北区中崎 1-6-18
203	ラーメン屋 トイ・ボックス	東京都荒川区東日暮里 1-1-3

協力店 住所一覧

ページ	店名	所在地
第1章・売れる商品の鉄則		
18	我武者羅	東京都渋谷区幡ヶ谷2-1-5 弓ビル1F
22	らぁ麺やまぐち	東京都新宿区西早稲田2-11-13
26	中華蕎麦 とみ田	千葉県松戸市松戸1339 高橋ビル1F
30	麺処 ほん田	東京都北区東十条1-22-6
34	無鉄砲	大阪府大阪市浪速区戎本町1-5-21 米田ビル1F
38	麺や 七彩	東京都中央区八丁堀2-13-2 東京都中野区鷺宮3-1-12
42	みつか坊主	大阪府大阪市北区大淀南1-2-16
45	G麺7	神奈川県横浜市港南区上大岡西3-10-6
48	ばっこ志	大阪府大阪市淀川区十三東2-12-41
第2章・勝つためのメニュー構成		
52	JET600	大阪府大阪市東成区東小橋1-3-2
55	麺屋 青空	大阪府大阪市中央区高津3-2-26
58	麺鮮醤油房 周月	大阪府大阪市中央区日本橋2-10-4
62	麺や多久味	東京都江戸川区東小松川4-42-14 リバーサイド藤井101
65	渡なべ	東京都新宿区高田馬場2-1-4
68	麺や食堂	神奈川県厚木市幸町9-6
72	九月堂	東京都渋谷区神南1-15-12 佐藤ビル2F
第3章・立地と周辺環境の掟		
78	中華そば しば田	東京都調布市若葉町2-25-20
82	らぁ麺 すぎ本	東京都中野区鷺ノ宮4-2-3
86	くじら食堂	東京都小金井市梶野町5-1-19
89	時屋	大阪府大阪市淀川区西中島5-1-4 栄豊ビル1F
92	中華そば ムタヒロ	東京都国分寺市南町3-15-9 寿コーポB号1F
95	麺や而今	大阪府大東市灰塚6-7-9
98	ふく流らーめん 轍	大阪府大阪市西区西本町1-8-2 三晃ビル旧館1F
第4章・集客&リピート率アップのツボ		
102	風雲児	東京都渋谷区代々木2-14-3 北斗第一ビル1F
105	らーめん style JUNK STORY	大阪府大阪市中央区高津1-2-11
108	日の出らーめん	神奈川県横浜市中区宮川町3-63-3 宮川ビル1F

キンキンラーメン道
ラーメン業界に特化した情報発信、広告制作、プロモーション事業を展開するメディア。東京や大阪の繁盛店の店主たちとの交流も深く、信頼できる生の最新情報を以下の自社サイトで発信している。田村直己氏と中村潤氏が代表を務める。
●キンキンラーメン道：www.ramenkeiei.com
●キンキンラーメン修行道：www.ramenshugyo.com

田村 直己 たむら なおき
1983年、兵庫県生まれ。ラーメンメディアクリエーター、株式会社ふんどし代表取締役。建築、飲食業などを経て、大阪での会社員時代に企画・マーケティングに携わる。そのなかでラーメン業界に興味を持ち、業界に特化したメディアである「キンキンラーメン道」を運営する会社、株式会社ふんどしを2013年に立ち上げて独立。ラーメンに関する話題をくまなく取材し、繁盛店の店主さんたちとのつながりも深い。「日本の本気のモノ作り」を全世界に配信するべく奮闘中。

中村 潤 なかむら じゅん
1982年、熊本県生まれ。ラーメンメディアプロデューサー、株式会社ふんどし専務取締役。飲食業などを経て、大阪で不動産業に携わったのち、2013年、株式会社ふんどしの立ち上げに参画して独立。「キンキンラーメン道」の関東進出のベースを作り、自ら立ち飲みバーを経営するなど、飲食業とメディア活動でマルチに活動する。ブランディング、キャラクターマーケティングなどを得意とし、日本を代表する食文化であるラーメンの魅力を世界に発信するため、日々奔走中。

撮影／田村 直己、中村 潤
表紙デザイン／山田 尚志
イラスト／角田正己
制作協力／株式会社A9(エーナイン) 外園 史明、野川 真可
編集協力／合同会社オフィス・オルモ

勝ち組ラーメン

秘訣！リピーターを獲得する！

2016年6月22日　初版第1刷発行

著　者　キンキンラーメン道　田村 直己　中村 潤

発行者　河村季里

発行所　株式会社 K&Bパブリッシャーズ

〒101-0054　東京都千代田区神田錦町2-7 戸田ビル3F

電話03-3294-2771　FAX 03-3294-2772

E-Mail info@kb-p.co.jp　URL http://www.kb-p.co.jp

印刷・製本　株式会社 シナノ パブリッシング プレス

落丁・乱丁本は送料負担でお取り替えいたします。

ISBN978-4-902800-30-2　C2034

K&B
PUBLISHERS